2023

从数字生活到数字社会

中国数字经济年度观察

美团研究院◎编著

人民出版社

2023

从数字生活到数字社会

中国数字经济年度观察

美团研究院◎编著

人民出版社

编者的话

“2022年，数字化将决定我们的生存。”这是1995年出版的未来学著作《数字化生存》做的一个预言。现在，我们正亲眼见证它成为现实，并且越来越习惯与数字化共生。

党的二十大报告强调，要“加快发展数字经济，促进数字经济和实体经济深度融合，打造具有国际竞争力的数字产业集群”，为我国数字经济的下一步发展确立了方向，画出了重点。

2022年中国数字化建设的速度是空前的。2021年是“十四五”规划的初始之年，然而到2022年6月，仅仅一年半时间，中国数字化的一些关键指标，比如千兆宽带用户数、工业互联网标识解析公共服务节点数、5G虚拟专网数等等，就提前完成了“十四五”规划目标。

中国历史性实现了全国行政村宽带“村村通”，千兆光网具备了覆盖4亿家庭的能力。

中国5G基站数达到185.4万个，在全球一骑绝尘，92%的乡镇实现了5G覆盖。

中国IPv6活跃用户数达6.8亿，居世界第一。

中国工业互联网标识解析节点达到202个，32个重点平台连接设备超过7900万台（套）。

数字基础设施从一线城市到乡镇，从服务业到工业、农业，给中国经济转型升级提供了巨大的想象空间，经济维持较高速度增长变得愈发可期。

与此同时，农民上天，工程师下地，厂哥厂妹写起了代码……人们的职业身份正在被数字化解构、重构，传统的农业、工业、服务业的边界不再清晰可辨。不同赛道频现数字化龙头企业，发挥引领作用，产业形态、组织模式、经营理念即将全面刷新。

中国服务行业，中低端企业长期占主体，产业升级走传统路径难度极大。本书把观察重点放在服务业，观察数字化对这个产业的塑造，包括平台企业以及众多细分垂直领域的佼佼者，如何用数字化助力企业实现蝶变；也包括重塑过程牵动的中国社会末梢的“剧变”。

本书从消费、产业、就业、社会、公益五个领域，以丰富的数据和翔实的案例去定格这一年来数字生活和数字社会发展的有趣瞬间：

在用户篇，我们观察到 2022 年促进消费复苏的几股决定性力量：新消费人群以自己的兴趣捧热了“新四大件”、品牌下沉助推乡镇消费的升级、即时零售悄悄培育着新的消费习惯和消费模式。

在产业篇，我们见证了“新旧融合”激发的火花——餐饮业与二次元文化融合、零售业与元宇宙功能融合、制造业与无人技术融合——凡此种种都在刷新人们对这些行业的传统印象。

在新职业篇，我们从国家政策、体系配套、个人择业三个层面为你解答：数字时代创造的新职业，对年轻人的人生选择和整体经济的发展活力意味着什么。

在社会治理篇，我们探讨在后疫情时代，数字科技如何让公共生活更美好。我们相信，数字化社区、绿色转型、数智赋能城市，将彻底改变人类社会的组织形态和生产模式，让我们有更充足的底气应对未来的挑战。

在公益篇，我们关注数字经济浪潮下的弱势群体，也接入了数字时代的“信息大动脉”，快速补齐数字基建。与此同时，“数字公益”逐渐成为常态，并开始内生性发展。

从 2020 年首度推出此书起，我们已连续 4 年成为中国数字生活与数字社会的孜孜不倦的记录者。我们期待关心数字经济的大众，可以与我们一道，共同分享中国数字经济的点滴变化，并以自己的方式参与到这场时代的变革中。

目 录

美好瞬间

未来有数

年度真知

美好瞬间

（上）2023 年 3 月 11 日，重庆市两江新区三板溪公园春暖花开，绿草如茵，众多市民前往赏花露营。

（下）2023 年 4 月 2 日是中国传统的花朝节，“宋韵芳华贺花朝”活动在浙江省杭州市西溪湿地举行，众多汉服爱好者盛装巡游，唯美之景吸引游人。

（上）2022 年 7 月 9 日，北京市民在朝阳区一处体育场地内参与“极限飞盘”，以体验新兴运动的方式度过周末时光。

（下）2023 年 3 月 1 日，江苏省扬州市古运河两岸灯火璀璨，流光溢彩，吸引了众多游客感受古运河文化。近年来，扬州市全面升级古运河夜游项目，促进夜经济发展。

（上）2022 年 12 月 24 日，“teamLab 无相艺术空间”在北京开幕，这是目前国内最大的沉浸式数字艺术空间。

（下）2022 年 9 月，上海世博中心举办第五届世界人工智能大会（WAIC），市民们可以体验基于元宇宙概念的城市数字孪生应用程序，感受元宇宙魅力。

（上）2022 年 11 月 24 日，航拍已投入运营的雄安城市计算（超算云）中心。
（下）2023 年 4 月 6 日，在 2023 青岛数字文化应用发展大会现场，咖啡机器人在表演煮咖啡。

（上）2022 年 9 月 6 日，在浙江吉士达新能源科技有限公司，技术人员操控自动化设备，赶制新能源汽车空调压缩机订单产品。

（下）2023 年 1 月，位于江西省的富硒蔬菜示范基地，整齐排列的蔬菜大棚与民居、道路、河流相互映衬，呈现产业兴、乡村美的振兴画卷。

（上）2022 年 3 月，湖北恩施土家族苗族自治州咸丰县清坪镇唐崖河畔，舟行河上，如在画中游。近年来，咸丰县加强河道治理和低产田改造，打造宜居宜业美丽村庄，吸引众多游客观光游玩。

（下）江苏省连云港市东海县充分利用现有资源，大力发展太阳能光伏发电、风力发电、垃圾焚烧发电等绿色环保综合产能业。

（上）2023 年 2 月，美团无人机在深圳星河 WORLD · COCO Park 进行配送工作。

（下）2023 年 4 月 9 日清晨，市民在浙江省台州市路桥区桐屿街道中央山生态公园绿道上晨跑。路桥区通过健身设施进村居（社区），构建起“一刻钟健身圈”，满足群众体育运动需求。

（上）2022 年 8 月，云南知名葡萄产地大理宾川县阳光玫瑰葡萄丰收，催生了“葡萄测糖师”这一“新职业”。

（下）2023 年 2 月，广东珠海的骑手大姐唐业容入选美团与国家开放大学合作的“骑手上大学”项目，选择了自己一直向往的英语专业。下班后，唐业容回到家中复习功课。

（上）2022 年 4 月至 5 月上海抗疫期间，美团自动配送车支持社区物资配送。
（下）2022 年 4 月，互联网平台企业支持多地抗击疫情，保障居民生活必需品供应。

（上）2022年6月，美团“乡村儿童操场”公益计划落地西藏日喀则市扎西宗乡完全小学附属幼儿园。

（下）2022年7月，西藏日喀则市扎西宗乡完全小学附属幼儿园的小朋友们在新操场上玩耍。

未来有数

12 组数据

2022 年：

中国国内生产总值（GDP）突破 120 万亿元，同比增长 3%。

全国累计建设开通 5G 基站 231 万个，千兆光网具备覆盖超过 5 亿户家庭的能力。

工业互联网全面融入 45 个国民经济大类，产业数字化仍是数字经济发展的主引擎，占数字经济比重为 85%。

实物商品网上零售额占社会消费品零售总额的比重已达 27.2%，创历史新高。

服务业增加值同比增长 2.3%，第三产业数字经济占行业增加值比重 45.3%。

“Z 世代”（1997—2012 年间生）在我国的人群规模已经突破 2.64 亿人，贡献的消费规模已经占到 40%。

中国连锁经营协会预测，到 2026 年，即时零售相关市场规模将超过 1 万亿元。

智慧城市、信息惠民、宽带中国等智慧城市相关试点超过 700 个。

截至 2023 年 2 月 20 日，全国共建设便民生活圈 1402 个，服务居民 3200 多万人。

中国通过互联网募集的善款在 5 年间从 25 亿元增长到近 100 亿元，增长近4倍。

美团数据显示，无人机的平均订单配送时长约为12分钟，效率提升近150%。

2023年春节后首周，女装汉服销售额同比去年增长150%、男装汉服增长超400%。

年度真知

用户篇

指尖消费汇聚社会之力，推动经济复苏

经济学家、未来学家杰里米·里夫金在新书《韧性时代》中，提出一个观点：过去人类社会"效率至上"的发展原则已走进死胡同，以"进步"为目标的经济发展和文明进化史即将画上句号。取而代之的，将是一种"韧性"时代下全新的发展模式，从单个的人到整个人类社会，均应以一种"生态系统"的观念再构建自身。这是一个更可持续、更具包容性和韧性的世界。

中国消费正进入"韧性时代"，与数字化迎头相遇，更具多样性、个性化的需求已经在改变乃至重塑市场。2022年，全国网上零售额13.79万亿元，同比增长了4%。线下到店、即时配送到家两类消费的走势出现明显分化，异地、聚集、非刚需类消费承压明显，而即时零售出现了爆发式增长，并在抗疫保供中发挥了重要作用。随着扩内需促消费系列政策逐步见效，消费市场发展韧性持续显现，居民消费需求将不断释放，生活服务消费回暖迹象明显。

在用户篇，我们观察到2022年促进消费复苏的几股决定性力量：以"Z世代"为代表的消费主力，消费者行为更加个性化、特色化以及多元化，精致露营、围炉煮茶、陆地冲浪、冰雪运动等传统小众活动转眼就变成了大众潮流；随着城镇化从高速期迈向稳定期，数字乡村建设提速，下沉市场迸发出了巨大潜力，品牌下沉助推乡镇消费升级，加速"消费平权"的到来；社会变迁、基础设施建设、线下即时配送等因素共同催熟了即时零售，“30分钟万物到家”成为一种新的消费习惯和消费模式，原有的线下门店打造为线上“前置仓”，让“一刻钟便民生活圈”蓬勃发展，城市烟火气更旺、居民幸福感更强。

2023年是消费复苏之年，全国各地消费市场加速回暖，消费实现“开门红”。中央经济工作会议明确提出要把恢复和扩大消费摆在优先位置，大力发展数字经济，支持平台企业引领发展，全面推进乡村振兴。2023年政府工作报告中，“消费”被提及23次，成为高频词之一。国家接连出台政策扩大内需，鼓励新型消费，引领高质量发展，标志着中国消费市场进入消费升级、模式创新的快车道，中国消费市场将迎来新发展格局。

2023年，中国市场仍然是一个巨大而有潜力的韧性市场，中国中产阶级继续壮大，消费的高端化势头将延续，消费者选择日趋理性，本土企业和品牌将赢得市场。随着数字化的渗透，一幅中国民众活色生香的数字生活画卷已经展开，指尖消费正在经济复苏的主旋律下弹拨出新的乐章。

“Z 世代”捧出时尚新风口，小众消费引领新潮流

左手酒杯，右手保健品，一边惜命，一边寻求心灵放松……这就是这届年轻的消费者，他们不仅年轻，还准备“整顿”消费市场。

这一届年轻消费者还有一个名字——“Z 世代”（1996—2010 年出生的人口）。新人群决定了未来新消费：到 2022 年，中国“Z 世代”人口的规模已达到约 2.64 亿，占总人口数量的比重不到 20%，但贡献的消费规模已经占到 40%。有数据预测，未来 10 年，73%的“Z 世代”人口将会成为职场新人。随着这个群体走出象牙塔，掌握财务大权，他们将成为中国的消费“主力军”。华兴资本发布的《中国创新经济报告 2021》预计，中国“Z 世代”到 2035 年整体消费规模将增长 4 倍，至 16 万亿元。

20 世纪 90 年代以来，互联网、全球化、城镇化等在中国叠加，让我国“Z 世代”拥有得天独厚的成长环境，进而形成了有其自身特色的思想观念和行为模式。他们从小物质条件优越，很早就开始享受消费生活，是天然的消费者，有望引领全社会的消费趋势。他们的消费行为全面线上化，乐于为创新买单，热衷体验消费，追求极致便利，偏好国货国潮，圈层消费活跃。

消费是界定自我、凸显个性的方式，“Z 世代”将智能尝新、悦己为先、谢绝焦虑、多元懒宅、健康图鉴、元热延申、新潮运动、共情体验、国风国潮、萌物陪伴推上了 2022 年的十大消费新趋势。精致露营、陆地冲浪、冰雪运动、围炉煮茶等小众圈层的消费偏好，线上线下相呼应，被他们推成了全国的消费潮流。

北京世园公园，家长带领小朋友在露营营地玩飞盘

过去一年什么最火？看看全国各地公园草坪上“长”满的帐篷。

“一到周末全是带着帐篷、充气座椅、小推车等设备的人在草坪露营。”深圳的李先生发现，随着南方天气转暖，公园的草坪上长满了帐篷。半个微信“朋友圈”，不是在露营就是在去露营的路上。

哪怕去不了远方，在公园露营玩飞盘、在湖边露营并体验桨板瑜伽、在郊区露营徒步再来一顿烧烤……只要有新鲜的玩法，一部分年轻人就会去尝试。2022 年以来，携程平台上的露营旅游订单同比增长超 30 倍。马蜂窝发布的《2022 露营品质研究报告》显示，北纬 23 度 8 森林营地热度比前一年同期上涨了 114%，楠溪江飞行营地上涨 102%，敦煌漠葛沙漠营地上涨 76%，秀湖汽车露营公园上涨 67%……

相比日本、韩国，以及欧美国家，中国式露营完成了一个“跨越跳”，在短短 20 年间从徒步露营直接进阶到了当下流行的精致露营。随着露营设备进化，精致露营早就摆脱原先艰苦的体验感，成为一种相对舒适、解压且

飞盘爱好者们在进行极限飞盘 5 人混合对抗赛

接近自然的户外活动。

热爱自然、追赶潮流的“90 后”、“00 后”，是精致露营的“主力军”。《2021 Z 世代露营式社交白皮书》数据显示，在“95 后”露营爱好者中呼声最高的“八大件”为：帐篷、床垫、睡袋、炊具、氛围灯、移动洗澡堂、折叠马桶以及宠物防丢服。同时，大量的露营者选择携带天幕、咖啡机、投影仪等设备，让户外露营体验不断升级。

比起老一辈看重“性价比”，年轻消费者更追求“兴价比”，愿意为兴趣买单。中秋未到，上海嘉定的原画师阿佟木已经开始计划中秋去哪里露营了。他是因为日本动画《摇曳露营》入坑的，《摇曳露营》讲述了五位少女在野外露营的小故事，将真实的风景、露营相关小知识，以及烹制一锅番茄寿喜烧的方式，事无巨细地展现出来，堪称是露营的“入门级”种草片。片中传递的“连孤独都是一种乐趣”的理念，更是让无数年轻人深深共鸣。自从被动画种草后，阿佟木已经前后花费 8 万元购买帐篷、天幕、露营灯、桌子、椅子……而在他新加入的“上海周边露营群”里，愿意花钱的大有人在。

为精致露营花的钱，最终会体现在社交平台精美的图片和视频上，这些照片或视频所捕捉的美好画面总能种草新一波想尝鲜的用户。

而精致露营的热度还未消退，飞盘、陆地冲浪、围炉煮茶、冰雪运动等小众体验型消费像一阵呼啸而过的风，一茬接着一茬闯入互联网。

陆地冲浪运动“破圈”成城市青年“新宠”

陆地冲浪，是一种借助滑板模拟海上冲浪的运动，成为不少冲浪和滑雪爱好者在非浪季、非雪季的平替运动。每到傍晚时分，陆冲玩家与广场舞阿姨成为家门口公园和广场的主力人群。大众点评数据显示，2022 年 6—7 月，陆地冲浪的搜索量比年初上涨 12 倍，关于陆地冲浪相关的评价增幅达 380%。

工欲善其事，必先利其器，大批爱好者的涌入带动了体育消费。美团上相关培训课程的线上订单量较年初暴涨 19 倍，护具的外卖订单量比去年同期增长 127%。天猫国际公布的数据显示，2022 年 1—8 月，平台进口滑板品类的销售额同比增长了三位数，其中“95后”、“00后”消费增速最快。有人计算过，如果算上滑板、护具、滑板鞋等装备，加上陆冲培训课，陆地冲浪整体花费可能在5000—10000元。

“Z世代”的喜好，唯一不变的就是变化。相继走红的露营、飞盘、陆地冲浪、围炉煮茶，有一些共同的特征。一是社交属性，比如精致露营在户外活动中属于流量密码，也是一种休闲式社交方式，自带“社交货币”属性。二是个性化，小众活动给大家带来新奇感，让大家短暂逃离日常生活和工作中的压力、焦虑，有一种活在当下的感觉。

“Z世代”作为互联网“原住民”，天生就具有极强的线上分享欲和对新奇事物的好奇心，形成了“电商晒单评价—主动分享—社交网络分享”的行为链。小红书、抖音、大众点评等平台，都是他们日常互联网“冲浪”的阵地。比如在小红书输入露营二字，立刻跳出几百万条露营攻略、营地推荐或设备评测。截至2023年3月底，“生活标记平台”小红书上，与露营相关的笔记已超过400万篇，而一年前仅有25万篇。

值得关注的是，这些活动原本都很“小众”，属于特定圈层的活动。但“Z世代”庞大的人群基数，小众的爱好也积累了不容小觑的消费者数量，特别是在互联网社交机制与种草文化的推动下，大量年轻人跟风模仿，掀起消费潮流。

汉服是又一个从小众圈走向大众市场，成为国潮文化、国风经济重要组成部分的典型案例。这个春天，汉服走入都市CBD，成为一种穿着日常。罗衫飘逸，长裙摇曳，与车水马龙的现代都市形成鲜明对比。

“以前穿汉服走在街上，经常有人问我要去哪里表演。现在越来越多的人认出这是汉服，不少人还可以说出朝代和形制。”山西省长治市的曹晓燕说。随着《国家宝藏》等节目中汉服穿搭引发关注、身着汉服的不倒翁小姐姐“出圈”走红，在社交平台的催化和传播下，在电商平台的助推下，原本只存在于小众圈的汉服正走向日常生活，获得越来越多年轻消费者的青睐。

穿汉服邂逅街头音乐会

天猫新生活研究所数据显示，2023 年春节后上班第一周，这届上班族们纷纷在淘宝搜索“可以穿着上班的汉服”，女装汉服销售额同比去年增长 150%、男装汉服增长超 400%。

汉服的走红，偶然中有必然，因为汉服消费主力“Z 世代”成长中见证了国力的不断增强，根植于心的民族自豪感和文化认同激发了他们对本土品牌的自信与热爱。穿汉服，是表达个性化和获取身份认同的一种方式。

以汉服为代表，国潮崛起已经成为这几年最明显的消费趋势之一，这同样是由“Z 世代”叠加数字时代的成果。

“Z 世代”也是数字化生活方式的“弄潮儿”，引领了智能化生活潮流从“小众”变成“大众”。

标准的“Z 世代”的一天，打开方式是这样的：每天睁眼的第一件事是打开手机，回复各个社交软件上的消息，顺便看眼各个 APP 的更新。下床前戴上运动手环开始计算步数，用电动牙刷刷牙前把早餐扔进早餐机。踩点到公司，开启工作前，先把电脑前那排娃娃一一摆正。下班后，人未到家，骑手已经把切、配、调味妥当的预制菜送到家门口，扫地机器人把地板清洁得干干净净等待主人验收。在洗碗机开始作业的时候，“Z 世代”开启了属于自己的时光：打游戏、刷社交软件、网购、看剧……

南都民调中心发布的《Z 世代生活标配洞察报告（2022）》显示，“Z 世代”在生活配置上注重智能化和满足精神需求，电子产品和日常娱乐成为“Z 世代”生活“新刚需”，均占四成，但“00 后”受访者的生活标配是电子产品，“95 后”的生活标配则是家电用品。

支持人机互动、远程操控的智能家电，时尚、现代、省时省力，是“Z 世代”群体的生活标配。著名市场调查研究机构千趣 GKURC 的一项调查结果，“Z 世代”希望添置的创新家电产品中，洗碗机、空气炸锅、蒸烤箱、扫地机、洗地机排在前五位，占比分别为 37.41%、25.11%、20.86%、20.53%、19.9%。“Z 世代”期待科技创新带来美好生活体验，在他们的生活中，智能家电不仅是解放双手的工具，更多了几分陪伴的意味，是其情感依赖和情绪承载。

“Z 世代”带动了“全屋智能”产品，包括智能开关、智能马桶、扫地机器人、炒菜机器人、洗碗机等新型智能化产品的快速普及。据苏宁《“双 11”家消费趋势报告》，“双 11”期间，该平台万元以上高端家电销售环比增长 137%，智能家电销售环比增长 143%；从产品看，零嵌入式冰箱、微蒸汽洗烘一体机销售环比增速分别达 117%、121%。据京东发布的数据，2022 年“双 11”预售开启当晚，超薄冰箱、洗烘套装 10 分钟成交额分别同比增长 140%、60%。

“Z 世代”同样带动了“懒人经济”。按照淘宝的“懒人消费分类”，“00 后”几乎可以被称为“全能懒人”，每一类都有近九成的“00 后”中招，有 90% 的“00 后”都是“不做饭斯基”（通过各种方法减少饭菜准备时间的懒人群体）。有 79.5%的“95 后”则是家务指挥专家。预制菜、快手料理、智能产品等兼具“懒”与“质”的产品迅速发展，覆盖了吃、喝、玩、乐等生活的方方面面，满足了“Z 世代”的需求。

2022 年号称“可让厨房小白 10 分钟实现做饭自由”的预制菜，猝不及

预制菜全产业链标准化试点遴选大赛现场展示众多预制菜产品

防地占领了年轻人的冰箱和餐桌，与现代人快节奏的生活方式完美契合，成为消费市场的顶流。

艾瑞咨询数据显示，2022年，预制菜市场规模4196亿元，同比增长21.3%，预计2026年将突破万亿元。京东调研数据表明，预制菜购买人群中，21—30岁、未婚人群、男性的占比都有不同程度的增长，特别是21—30岁人群的比例在逐年升高。2022年，平均每个预制菜用户购买了1.6次。在各类预制菜中，以佛跳墙、猪肚鸡和牛大骨等为代表的招牌硬菜销售额占比最高，同比增长超190%。其中，猪肚鸡销售额同比增长近10倍，佛跳墙销售额同比增长380%。

不过，“Z世代”消费者购物往往不会拘泥于一家购物平台。“薅羊毛”是他们的必备技能之一，针对不同的平台特性，他们也开发了各类复杂的剁手攻略，在“剁手”之前会充分看测评。21世纪经济研究院一项调查显示，77.55%的“Z世代”倾向于通过自媒体、B站和小红书等平台的测评及推荐了解产品。

对于“Z世代”中讲究精打细算的那一批人而言，追求极致性价比甚至演变为一种竞技项目。在豆瓣小组“买组 & All buy & 不买不可能”上，12万名小组成员每天分享自己如何买到价格低廉的正品大牌，并与其他成员一起拼单购物。小组成员通常会在每年的“6.18”“双11”“双12”等大促季到来前，建立“好价”共享表格。一份份“薅羊毛”指南和复杂的Excel计算表，构建了“Z世代”群体“论文式”“作业式”购物模式。

2023年，第一批“Z世代”人群年满28岁，他们已经步入职场，并作为未来消费市场的主力军隆重登场。“Z世代”作为中国下一个十年的主力消费人群，在今后将持续引领全社会的消费潮流。

延伸阅读

“Z世代”拥有了自己的“新四大件”

一个年代有一个年代的“四大件”：“60后”的“四大件”，是缝纫机、自行车、手表和收音机，俗称“三转一响”；“70后”的“四大件”，是电视机、电冰箱、洗衣机、录音机，重点是都带“电”；“80后”、“90后”则是中国网购的“弄潮儿”，网购消费规模最大的美妆、快消、消电、服饰，是他们的“四大件”。

而当“Z世代”走出象牙塔，掌握“经济大权”，他们开始“整顿购物车”：2022年，天猫“双11”购物节就诞生了“新四大件”——潮玩、宠物、运动户外、珠宝。

一组数据可窥见这强劲的潮流：国潮玩偶品牌问童子，开售26分钟销售额就超过去年全天；积木品牌佳奇和未及都在10分钟销售超去年“双11”全周期；宠物药品品牌大宠爱旗舰店，80分钟超去年开门红全期；宠物保健品品牌小宠开卖33分钟超全年首日成交额……

媒体报道，过去一年中，“新四大金刚”共诞生超过 400 个细分子类目，有 358 个品牌销售额破亿元，3434 个品牌销售额破千万元，这四大行业平均增速远高于大盘增速。“新四大件”的崛起，刺激垂直细分赛道涌现出一批国货新品牌，比如黑鹿、挪客、牧高笛、森宝、pidan、小佩、网易严选。而在珠宝赛道，周大生、周生生、潮宏基、老庙黄金、明牌珠宝等本土黄金品牌全面霸榜。

“双 11”只是个练兵场，集中爆发也不是一朝一夕。这四个行业早已引起商家圈的关注和讨论，它们因增速飞快而被称为“新四大件”——对应网购消费规模最大的美妆、快消、消电、服饰“老四大件”。业内普遍认为，“新四大件”未来几年有望成长为与“老四大件”并肩的大行业。

以潮玩为例。2019 年盲盒潮玩流行，给玩具业带来质的飞跃。受冬奥会吉祥物影响，2021 年玩具相关企业猛增，有超 152.8 万家相关企业成立，新增企业数量达到历年之最，相比 2020 年同比增长 62%。

网红盲盒品牌泡泡玛特（POP MART）潮玩旗舰店

火爆的潮玩让长大后的“Z世代”有了自己的专属玩具。天猫发布的《95后玩家剁手力榜单》中，潮玩盲盒的烧钱指数为第一，成为“95后”年轻人中热度最高、最烧钱的爱好。

小晨就是在一次偶然机会“入坑”的。在某天逛街时，小晨看到了路边的一家泡泡玛特门店。在2018年，这类盲盒的门店还不多。进入店铺后，现在已经是泡泡玛特IP前三之一的“拉布布”形象“击中”了她，随后她对“拉布布”的喜爱便一发不可收。在她看来，现在喜爱盲盒与手办，在于弥补曾经的欠缺。小时候想买玩具，只能问父母要钱，大学时期想买也只能攒钱。工作后，小晨有了更多自己可支配的收入，因此花69元抽一个盲盒，或者花几百元购买一个手办，对她来说不再是难事。如今，小晨购买的盲盒已超过300个。

风口上的还有宠物经济。从基础性的宠粮再到具有更多保健功能的营养品、护理工具，“精致养宠”正在成为主流。艾媒咨询发布的报告预测，2022年中国宠物经济产业规模将会达到4936亿元，同比增长25.2%。迎着宠物经济的热潮，资本涌入，品牌们在最近几年也有井喷态势。2015年成立的宠物用品品牌pidan在一开始就展露了“野心”。曾是话剧演员的创始人马文飞以远高于市场价的“雪屋”猫砂盆切入市场，随后扩展到宠物用品全品类。今年“双11”，pidan开卖10分钟销售额超千万元。

这一届“00后”，购物车的“新四大件”早已与前辈们截然不同。无论是宠物保健品，还是国潮积木，抑或露营、滑板、垂钓等运动装备，都折射出“00后”独具一格的消费需求。消费者越来越关注自身健康和居家的陪伴，对灵活出游、圈层社交和悦己的需求越来越旺盛。

小镇青年见证品牌时刻，数字化激荡下沉市场

晨晨老家在河北保定市容城县，2022 年过年回乡时，她被眼前的景象震惊了："县城不仅有星巴克、瑞幸、麦咖啡，就连海底捞、马路边边、朝天门火锅、九田家烤肉、胡桃里音乐餐厅等都纷纷入驻了，吃喝俱全。"

从城市到乡村，一场数字消费大迁移正在上演，越来越多的品牌加速布局下沉市场，买 iPhone、喝星巴克、吃海底捞、穿耐克鞋，已成为不少小镇青年的生活标配。

"这里居然和包邮区一样方便！"今年春节，杭州的商业分析师赵森回陕西宜君县老家看父母，带上他的宠物猫。让他万万没想到的是，即使在小县城，用外卖软件搜索"猫砂"，竟然也能找到。这件小事让他刮目相看："宠物消费火热，说明人们的生活质量和消费水平在提升。"

美团零售平台增长的数据是一个很好的佐证：2023 年 1 月，陕西县域宠物品类的即时零售订单同比上涨 96%，入驻平台的宠物食品、用品店铺数同比增长 87%。

不只是久未归家的游子为家乡的发展感到意外，在山西眉县迎宾路一家新开的 Apple（苹果）授权专营店上班的本地人陈超，也没料到县城消费能力的升级竟然来得这么快——光是今年春节期间，该店仅通过外卖平台就卖出了 20 多台新一代的 iPhone 14 手机。陈超感慨："作为一个本地人，我被家乡人的消费力和消费观念震惊了。"

2023 年春节，# 被家乡县城的发展震惊 # 更是被网友们顶上了微博热门话题，阅读次数超过 500 万。在该话题下，有网友忍不住评论：老家县城正

在背着我偷偷发展。

中国县城在2022年迸发出的惊人消费力，其实并不意外。对于很多生活在大城市的人而言，县城里藏着他们不甚了解的“另一个中国”。截至2021年底，中国城镇常住人口9.1亿，其中1472个县的县城常住人口1.6亿，394个县级市的城区常住人口0.9亿。后两者相加，意味着住在县城里的人实际上占了全国城镇常住人口的27%。

作为连接城市和乡村的重要节点，县城还藏着激发国内下一步消费潜力的奥秘：大量生活在这些中小城市的居民，尽管收入与一线城市存在差距，但由于生活节奏相对缓慢，房贷和各方面生活压力较小，反而拥有着不俗的消费需求和消费能力。

中西部某乡镇公务员的“果粉”张翼，就是县城消费升级的生动范例。由于平日总是家和单位两点一线，张翼没有太多消费支出，可支配收入与杭州工作的朋友相比并不逊色，可以承担一年一换的手机更新频率。因此，去年9月还手持iPhone 13 Pro Max的张翼，一年后在新品发售第三天就收到了iPhone 14 Pro Max。

苹果手机在下沉市场的吸引力，是“越下沉、越品牌”的一个缩影。在许多一线城市，随着新理性主义消费观的苏醒，居民消费出现了“去品牌化”、“无品牌化”趋势。然而在下沉市场，大品牌仍然有“光环效应”，买名牌，是小镇青年彰显身份的一种方式。可以看到，各类的品牌都开始从一线城市和中心城市转移，加速向下沉市场进击，开拓新增量市场。

与此同时，下沉市场正成为国货品牌崛起之地。受限于渠道、价格等，国际品牌尚未在下沉市场形成显著竞争优势，高性价比是吸引下沉市场消费者选择一些国货品牌的主要因素。在诸多消费品类上，下沉市场消费者更青睐于国货品牌。

服饰鞋帽、美妆护肤，以及3C数码是目前下沉市场消费升级的主要品类。埃森哲发布的《2022中国消费者洞察报告》显示，以美妆品类为例，52%的受访者愿意尝试国潮美妆品牌，如花西子、完美日记、Colorkey等；

32%的受访者购买过并高度认可其性价比，该比例在 18—35 岁的受访者中随年龄增长而增加，且城市线级越低，购买过国潮品牌的比例越高。

拼多多发布的《2022 多多新国潮消费报告》显示，过去一年，一线城市的国货订单量占比达到 11%，新一线城市的占比超过 16%，二三线城市的占比达到 39%，四五线城市的占比达到 19%，广大的县城农村地区占比超过 15%。国货订单规模在全国范围内均保持强劲增长，二三线城市的增幅尤为明显。

在以济南、宁波、东莞、南昌、厦门、沈阳、长沙、无锡等为代表的二三线城市，国货订单过去一年增长了近一倍，订单规模是北上广深的 3.5 倍，新一线城市的 2.4 倍，成为国货崛起新动能。而在广大的县城和农村地区，国货订单金额劲增 130%，一方面受益于国家“工业品下乡”的政策扶持，另一方面则是因为县城年轻群体持续高涨的国货消费需求。

下沉市场的消费活力加速释放，背后的一个重要原因是数字化基础设施越来越通达。伴随着互联网、物流配送等基础设施的普及，县城与大城市的信息鸿沟也在不断缩小，刺激着县城消费。截至 2022 年 9 月底，我国已建成开通 5G 基站超过 222 万个，全国所有地级市和县城城区均已实现 5G 网络覆盖。大城市的消费风潮，几乎瞬间就能同步到县城市场。

河南特色美食“热奶宝”的走红就是一个力证。2022 年 10 月，一则 # 河南热奶宝有多好吃 # 的话题冲上微博热搜，引发了一轮全民打卡。这个来自河南新乡的特色小吃，血糯米配奶油，像雪糕一样装进脆皮甜筒，由于好看又新奇，很快就流行到了全国各地。美团数据显示，10 月下旬以来，“热奶宝”搜索量环比暴涨 1700 倍。

这种新式流行美食，很快通过社交媒体传导到县城，消费者用实际订单数来表达对其的喜爱。美团数据显示，2022 年 10 月下旬以来，山东聊城的外卖销量霸榜全国第一。在山东聊城阳谷县开甜品店的“90 后”张女士，就吃到了这波流量带来的实际红利。她在刷到相关短视频后，萌生出了自制热奶宝的想法。出乎她意料的是，仅仅在外卖平台上架 5 天，热奶宝的销量就超过了 200 份，并成为店内热销第一的火热产品。不仅如此，一个网红单品的出现，直接带动了店内其他产品的销售，“其他产品也被消费者们看到了，店铺的整体销量提升了约 50%”。

类似一幕在多地上演。在浙江，“围炉煮茶”已经从大城市流行到了县城里。“店里有 10 张围炉煮茶的桌子，春节期间几乎每天都是客满状态。”安吉县茶话（大竹园店）“00 后”店长子牧透露，2022 年 11 月受到网络热点的启发，店里推出了围炉煮茶，一下子就成了当地小有名气的网红店。尽管是“引进不久”的新消费，但围炉煮茶却与本就是白茶产地的安吉县完美

围炉煮茶是冬天里年轻人的社交方式

融合，成为新的旅游亮点。

县城里本不缺乏消费需求，只是需要新潮流的不断激发。在温州永嘉县，黑猫剧本杀推理社的“95后”店长金木木深有同感。今年春节，他的剧本杀店生意火爆，“春节期间的营收比上月同期增长了将近50%，放假的学生与回乡年轻人来玩的比较多。”

可以说，数字化生活方式已经在乡镇一级初步形成气候，乡镇的数字消费潜力还在加速释放。据《2022数字经济+乡村振兴发展指数报告》，县域农村地区消费连年高倍数增长，近三年线上服务在县域农村地区成交额年均增长率均超过100%。一边是县城需求端的旺盛，另一边是随着数字化的不断下沉带来的供给端的量质齐升，当供需两端不断对齐，就会碰撞出让人惊喜的县域消费新场观。

县城越来越成为国家看重的稳增长、扩消费重要发力点。2022年4月，国务院办公厅印发《关于进一步释放消费潜力促进消费持续恢复的意见》，强调全面创新提质，着力稳住消费基本盘，充分挖掘县乡消费潜力；同年5月，中共中央办公厅、国务院办公厅印发《关于推进以县城为重要载体的城镇化建设的意见》，提出县城建设是扩大内需的重要引擎，是城乡融合发展的重要支撑。

2023年2月，《中共中央、国务院关于做好2023年全面推进乡村振兴重点工作的意见》（中央一号文件）发布。今年，县域经济发展再次成为重点，与“县”有关的表述达35处。在“加快发展现代乡村服务业”相关内容中，《意见》首次提及即时零售，指出“全面推进县域商业体系建设。加快完善县乡村电子商务和快递物流配送体系，建设县域集采集配中心，推动农村客货邮融合发展，大力发展共同配送、即时零售等新模式”。

随着县域商业体系建设的推进，以即时零售为代表的多种新模式、新业态也逐步在县城落地生根。兔年春节，县城的新面貌让不少返乡年轻人惊讶：从之前的“快递比城市多等一天”，到现在的“线上下单，线下30分钟送达”；从之前的“天黑打烊”，到现在的夜经济火热、24小时商品送货上门；

从之前的娱乐设施匮乏，到现在的剧本杀、围炉煮茶等“网红店”蓬勃发展……县城的消费形式，越来越接近一线城市。

不只是县城，随着数字化的持续下沉，乡村也迎来了消费力的井喷。

遥远又神秘的云南怒江，一大批易地扶贫搬迁群众通过新型互联网应用，正在拥抱便捷的社区新生活。2019 年才从深山的“千脚房”搬到怒江州兰坪白族普米族自治县兔峨乡永福社区的蔡金发一家，现在与社区电商打交道已经是日常。在这位怒江小伙的记忆里，小时候他们几乎一周才能赶集一次，那时候吃新鲜蔬菜是个奢侈事儿，吃腌制食物才是常态。但现在，他们只需要通过社区电商头天下单，新鲜的蔬菜、水果及生活必需品次日即可到达。

兰坪某自提点店长在通知乡亲领取货物

沿着覆盖全国的物流网络，美团优选的运输车已经能把优质农产品、消费品运到兰坪等全国 2000 多个市县，区域发展不平衡正在被数字时代快速拉平。

在西藏，21个边境县及乡镇已经实现邮政网点全覆盖，数字浪潮席卷雪域高原。山南市错那县的勒布边境派出所内，副所长侯强打开收到的包裹——竹笋、米粉，都是家乡四川绵阳的美食。尽管错那县平均海拔超过4000米，派出所辖区深处峡谷与县城有着1000多米的海拔落差，但快递已经直达边境百姓家。“现在快递下单后，很快便能送货上门，非常方便。”侯强说。

西藏自治区商务厅的数据显示，2022年1月至6月，西藏网上零售额实现47.5亿元，同比增长33.4%。

麦肯锡预测，到2030年中国个人消费规模将达到65.3万亿元，超66%的增长来自包括三线及以下城市、县乡市场在内的下沉市场。2022年，我国乡村消费品零售额达59285亿元，是一个消费人口近5亿、体量近6万亿元的庞大市场。

据中消协《2022年农村消费环境与相关问题调查报告》，近四成农村居民网购频率已达到每月平均1次至5次，每月在网上消费6次以上的比例也达到了18.9%。

在湖南省耒阳市金坪村，村民肖菊凤每天做饭前都会收到送货上门的生鲜果蔬。柠檬、柚子，还有她儿子最喜欢吃的火龙果、香蕉。“以前只能去集上，5天一次，还要坐车去外面，现在你就晚上躺在家里买。”送货上门给生活品质带来了提升，肖菊凤还给家里添置了一台跑步机，冰箱里的保健食品也越来越多。

因智能手机的全面普及，短视频“种草”也在蔓延，农村大爷大妈的“购物车”里越来越潮流。云南省昭通市巧家县，从地里收完包谷回到家的大爷，脱下外衣和鞋，坐在一把电动按摩椅上享受按摩。福建省某村里，大妈每天踩着平衡车代步去种地。还有农村留守大妈网购小米AI音箱，每天和小爱同学聊天，驱散寂寞。一位快递小哥说，常年在农村送货，见证了农村的消费升级，按摩椅、跑步机、平衡车、空气炸锅早已列入农村网购的商品清单。

兔年春节前夕，还有不少“00后”网友，给住在村里的家人网购了加湿器、泡脚桶、空气炸锅等年货，“很可能年货比我还先到家”，线上采购年货礼物成为年轻人回乡过年的新态势。

从汽车、手机、电脑、生鲜，到网红小家电、保健品、护肤品，农村的数字消费已经不再是“不愿不敢不能”以及“有没有”的问题，“好不好”的品质阶段已然来临。

这些星罗散布在全国各地的下沉市场，作为新消费时代的基石，还在不断随着数字化的发展而日渐壮大。

延伸阅读

瑞幸、星巴克“下乡”，小镇青年实现“咖啡自由”

“买一杯咖啡，要排队一个多小时，生意好到让人羡慕。”在安徽亳州涡阳县经营着一家咖啡馆的常晨接受媒体采访时说。从2022年开始，瑞幸咖啡已经开到了小城亳州，县城涡阳也出现爆单。

今年春节，“返乡年轻人挤爆咖啡馆”的消息冲上了热搜，春节返乡消费的热潮席卷咖啡馆。

根据智研咨询数据，截至2023年1月，三线以下城市的咖啡店数量已超过4000家，占市场总数的1/4。许多为人熟知的咖啡品牌，如星巴克、瑞幸、幸运咖等，已经从一二线城市，如雨后春笋般扎堆渗透在三至六线城市。

国际咖啡巨头星巴克，把门店开到了山东烟台、贵州黔南、广东清远、江西新余等“新城市”。

按照星巴克中国发布的2025中国战略愿景，星巴克计划在未来3年内以平均每9小时一家新门店的速度，在中国增开3000家门店。下沉市场是其重要一环。星巴克也在根据市场需求调整方

星巴克咖啡餐饮服务连锁门店

向，不再执着于“第三空间”的定位，线上与线下融合的“咖快”和“专星送”业务正逐渐撑起门店的营收份额。

早在瑞幸咖啡2019年上市之际，其创始人就提出：“瑞幸的上市，是中国咖啡消费平权的开始。”瑞幸在中国市场撕掉了咖啡“贵价”标签，把动辄三四十元的咖啡打到了20元以下的价格带。2021年1月，为了快速开拓下沉市场，瑞幸咖啡宣布开启新零售合作伙伴招募计划。与传统加盟模式不同，瑞幸采用的是“0加盟费，阶梯式分润”的新联营模式。

数据证明，下沉市场确实有着非比寻常的消费潜力。经过两年的培育，财报显示，瑞幸咖啡自营门店2022年全年营收为94.145亿元，同比增长52.0%；而联营门店在2022财年的营收为30.693亿元，同比增长达135.0%。

越来越多的年轻人，疲于大城市的快节奏生活，回到小城镇开自己的咖啡馆。在吉林延边大学附近的公园路网红一条街上，主打民俗工业风的“茶伊娜鲜果茶咖啡”每天外卖订单源源不断。“85后”

店主李香英10年前开始饮品自创品牌的创业，曾离开延吉到北京、上海开咖啡店。2020年左右，随着家乡延吉旅游的发展和商业街区的规划升级，她决定回到家乡创业，开一家主打朝鲜族民俗特色的鲜果茶咖啡店。

洞悉市场变化的李香英发现，“现在卖咖啡，不光要口味好，这只是基本，还得体现出本地的文化味道，才能真正有竞争力”。她研发了具有延边特色的苹果梨咖啡，成为外地游客进店必买的爆品。李香英还为每一杯咖啡搭配上印有“延吉”二字的杯套、朝鲜族卡通人物造型的吸管套。门店外面还设计了写有“延吉制造”的LED背景墙。

2023年春节期间，伴随旅游旺季的回归，这家咖啡小店迎来了单日外卖700—800单的爆发，70%的下单者为外地游客，很多外卖送到酒店、饭店，甚至高铁站，在美团外卖平台上也稳坐“延边大学咖啡热销榜”。

延吉年轻人为咖啡增添朝鲜族文化特色

在五六线城市开店已不稀奇，甚至有人把咖啡店开到“村里”。在四川广汉市城郊，筱筱家咖啡馆迎来了8周年店庆，这家咖啡店日出杯量最多能有400+，日营业额最高能达到1.8万元。

咖啡馆的老板叫笑笑，2013年，厌倦城市生活的她，选择了回到老家创业。咖啡馆选址在油菜花田附近，“开在村里的咖啡馆”，吸引了大批野餐踏青的游客。

店里主营经典款咖啡，也做少量特调，产品定价在20—40元，餐食、甜品都有售卖；每款咖啡有不同的杯子，牛奶从成都配送，豆子早期靠国外的朋友邮寄，后期开始学着自己烘焙。

在开店过程中，政策大力发展乡村经济，笑笑作为大学生回乡创业，被媒体争相报道，咖啡馆吸引了更多人注意，生意最好的时候，“顾客喝咖啡都要排队”。

平安证券于2021年底发布的《新消费研究之咖啡系列报告》指出，一二线城市咖啡渗透率已达67%。下沉市场是增量所在。美团发布的《中国餐饮大数据2021》显示，咖啡人均年消费增幅最大的是三线城市，其次为四线、五线。三四线城市用户的咖啡消费频次，虽然不及一二线城市，但是消费增长幅度和空间远高于一二线城市。

新型“解忧杂货铺”，即时零售助力便利生活

对于普通人而言，2022 年最渴望的是看一场卡塔尔世界杯。哪怕宅家看球，“沉浸式”看球氛围也不能少。

“我上周在外卖平台下单了一台投影仪，并配置了相应音箱，1 小时左右就送来了，还包安装、调试。”广州市民林子琪兴奋地说。投影仪、音箱、大屏电视机、香辣炸鸡这些“观赛配置”，都能通过外卖点单送到家。

随着跑腿外卖和新零售引领的即时配送品类扩张，配送小哥的送餐箱不再局限于餐饮，而是逐渐变成响应用户各种消费需求的“解忧杂货铺”。从生鲜蔬果到粮油米面、从日用百货到服饰鞋帽、从医药美妆到数码产品……“30 分钟万物到家”逐渐成为现实，变革着当代人的生活方式。

地广人稀的新疆，是离“包邮区”最远的地方。快递也许需要好几天才能达到，但“云买药”已经走入寻常百姓家。

“买药就像点外卖，不用出门找药店了。”家住乌鲁木齐市青年路的赵惠妍，有一天在下班路上不小心扭伤脚踝，她的第一反应不是去医院，而是在外卖平台订购了一盒云南白药气雾剂。“我是晚上 9 点多下的单，20 分钟就送来了，太方便了。”她说。

在乌鲁木齐，像赵惠妍一样的消费者还有很多。新疆普济堂医药零售连锁有限公司营销部经理王豫龙表示，目前，该公司全疆近 500 家门店均实现“网订店送”，网购消费人群已占全部消费人群的 10%。

从患者跑医院买药，到线上下单、外卖小哥跑腿送药，背后是药品零售的新模式正在兴起。消费者在美团、饿了么、京东健康等第三方平台下单，

美团、饿了么等 APP 线上买药显示页面

半小时至一小时可收到药品。一份来自知名数据调研和分析机构尼尔森的报告显示，O2O（Online To Offline 的缩写，即线上到线下）买药的用户 59% 是行业的增量，其中 34%的用户首次购药选择了 O2O 渠道，也就是行业的新用户，而 25%的用户因为 O2O 渠道的便利性增加了购药频次。

很多人的即时零售体验，都是从应急开始的。家住杭州的余女士是一名宝妈，忙起来常常分身乏术。有一天晚上八点半，她在哄宝宝喝奶时才发现奶粉罐快见底了。于是拿起手机在京东上通过小时购下单了新的奶粉。不到一小时，达达快送骑士就敲开了家门，奶粉来自家附近的母婴店。如今，“线上下单—门店发货—母婴商品小时达”的即时零售方式，成为越来越多育儿家庭的新选择。

2022 年，以“线上下单，最快 30 分钟送达”为特征的即时零售新业态异军突起。看品类，生鲜食品、休食，个护等品类在即时零售的渗透率依然超过 50%，但已经初步呈现出万物到家的趋势。从外卖到生鲜，从美妆产品、母婴产品到数码产品，即时零售商品品类的渗透率和销售份额都在持续提升。

目前，3C 品类正成为即时零售渗透最快的品类之一。南京珠江路上的一家数码产品实体门店工作人员表示，在其店面的整体销售额及销售量中，有约 40%销自美团、饿了么以及京东大家电等线上平台，手机、耳机、充电器等小型数码产品基本实现下单 60 分钟内送达。

从应急小件商品的购买到数码 3C 高客单产品的购买，这样的消费演变历程并非个例。美团相关数据显示，2022 年“双十一”期间，美团闪购上 3C 品类交易额同比增长超 10 倍。世界杯开赛前三天，美团平台上投影仪的外卖单量同比上涨 165%。

“每一张订单的背后都有一个‘故事’。有的‘急需单’，也许是纸尿裤，也许是炒菜缺的调料，又或许是降温后需要的保暖裤；而有些则是‘关怀单’，恶劣天气为父母订购的生活必需品，或是儿女担心老人不舍得花钱，为他们‘增加营养’。”比优特超市电商业务部经理黄金说。

疫情为即时零售市场培育按下了“加速键”。在哈尔滨，黄金所在的比优特超市即时零售业务如今每天订单量可达万单，并且正以每年 50%的速率增长。

在上海，2022 年 4 月就有 8.7 万名寄送小哥日夜奔跑在路上，撑起了一座 2000 余万人口城市的柴米油盐日常家庭消费，用外卖买百货的消费习惯逐渐形成。

在海南海口，骑手每天穿行在这座 300 万人的城市，提供从“跨区域跑腿”到“最后 100 米”的送达，保障物流大动脉和微循环的通畅。2022 年 1—8 月，海南省即时零售订单比前一年同期增长了 43%。

中国连锁经营协会预测，到 2026 年，即时零售相关市场规模将超过 1 万亿元。

年轻人是即时零售的主要用户群体。埃森哲发布的《聚焦中国 95 后消费群体》报告显示，年轻一代消费者更关注“速度”，超过 50%的“95 后”消费者希望在购物当天就能收货，他们愿意为更快的配送速度而支付额外费

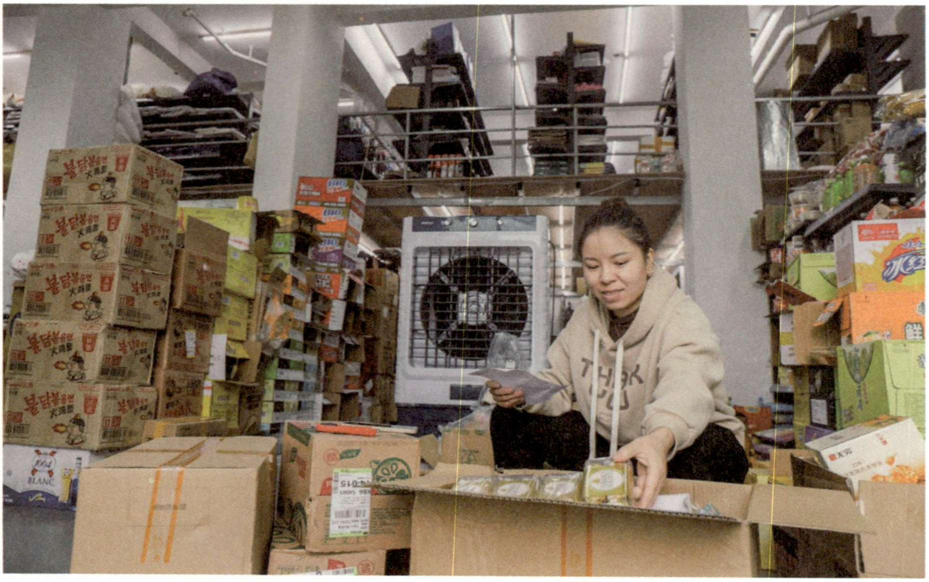

位于浙江绍兴的美团闪电仓

用。追逐更确定、更便捷的购物形态，成为即时零售业态最有力的支撑。

根据调研数据，美团闪购在所有年纪人群的渗透率都在快速提升，其中在“90后”的渗透率达到了25%，而在“00后”的渗透率达到了36%，说明即时零售已经成为不可逆转的趋势，未来增长的潜力和空间巨大。

国际咨询研究机构艾睿铂的一份报告指出，全球半数消费者的消费习惯因疫情发生永久改变。消费者对于购物的方便性、快捷性期望非常高，再也不会退回到从前。

始于应急，兴于便利，终成生活方式。即时零售正成为当代年轻人的一种生活方式，同时也是城市所需，政策所倡。

即时零售连接着本地实体门店，提供了便民生活圈内所需的商品和服务供给，是畅通城市经济“微循环”的重要力量，也是“一刻钟便民生活圈”建设的新模式之一。

中共中央、国务院印发的《扩大内需战略规划纲要（2022—2035年）》提到，“建设现代流通体系，打造‘一刻钟’便民生活圈”。即以社区居民为服务对象，服务半径为步行 15 分钟左右的范围内，以满足居民日常生活基本消费和品质消费等为目标，以多业态集聚形成的社区商圈。商务部会同有关部门先后出台指导意见和建设指南，在全国确定两批共 80 个试点地区，指导推动试点工作加快落地。

截至 2023 年 2 月 20 日，80 个试点地区共建设便民生活圈 1402 个，涉及商业网点 28 万个，覆盖居民社区 2766 个，服务居民 3200 多万人。试点地区生活圈的商业网点布局更加均衡，设施业态更加丰富，市场主体更加壮大，服务功能更加全面，居民的获得感不断提升。

"新零售业态不断发展，线上便捷性和个性化推荐优势逐步放大，线下渠道智能化水平持续提升，线上线下渠道趋向深度融合。在此背景下，即时零售、无接触消费和直播带货等新消费场景正加速布局并保持发展势头。"商务部《2022 年上半年中国网络零售市场发展报告》明确提及"即时零售"，并肯定其在"线上线下深度融合"中的重要价值。

2023 年 2 月 16 日商务部召开的新闻发布会上透露，要重点推动社区消费的场景创新。顺应消费多元化、个性化的趋势，推动一刻钟消费服务圈、养老托育圈、休闲文化圈等各类服务功能更好融合，发展一批智慧商店等新业态，引导便利店、社区超市"一店多能"，拓展便民服务，推广网订店送、即时零售等线上线下融合新模式，打造消费增长的新引擎。

从中央到地方，都在加速推进一刻钟便民生活圈建设。

江苏拥有 7 个国家级城市一刻钟便民生活圈试点地区。不少城市因地制宜，探索打造便民生活圈的新路径，即时零售、无人零售、社区团购等多种社区商业新业态应运而生。在徐州，泉山区荣景社区的居民用上了小程序。通过这一数字商务社区服务平台，市民可预约购买健康早餐、享受送餐上门；家里缺少油盐酱醋，可以线上下单即时送到；水龙头坏了，也可以预约上门维修服务。

在南京市秦淮区西方巷的一家小超市，店内百余平方米的空间内，小到针线、柴米油盐、学习用品，大到行李箱、床上用品，应有尽有。"我们这条街上都是老房子，还有一些家长为了孩子，买了这里的学区房。”店主吴国民介绍，每到开学时，他的线上订单就以书皮、修正带、黑色水笔等学习用品为主。“我的店里这些都有，顾客线上选好后下单，只需在家里等着，一般不到半小时，小哥就会把东西送上门。”

美团数据显示，去年 9 月全国首批试点地区名单公布以来，江苏省入驻平台的超市数量达 2 万余家，位列全国第二。试点地区居民随时能享受随用随买、随买随到的即时零售服务。全省超市到家订单数位居全国第三，同比增长了 52%。

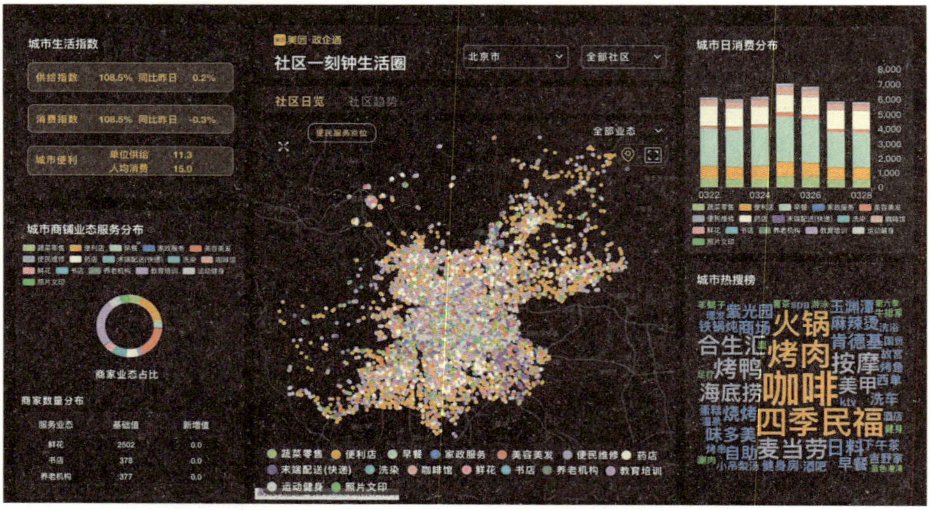

美团生活服务业网点动态地图

四川省成都、绵阳、南充 3 个城市是城市一刻钟便民生活圈的国家级试点。在政府部门和行业平台的大力推动下，成都即时零售新业态发展蓬勃。成立于 2021 年 5 月的成都本土果切品牌“菠拿拿”，通过线上下单线下即时配送的方式实现了快速扩张。一年多时间里，“菠拿拿”已开出 100 多家门店。“目前我们的门店月平均订单有 1500—2000 单，随着经济的复苏，这一块的需求还在增长。”“菠拿拿”品牌创始人曹刚说，目前线上销售已经占据七成以上。2022 年，品牌 GMV（成交总额）近 8000 万元，2023 年目标是突破 1.5 亿元。

在北京，一刻钟便民生活圈动态地图2.0版已于2022年9月正式上线，收录了全市蔬菜零售、便利店、早餐、家政、美容美发、末端配送、洗染、便民维修、鲜花、咖啡、药店等11类便民商业网点11.4万余个，而且，还能基于从供给、消费、便利性等多维度对生活服务业进行的大数据监测分析，实现精准补建便民商业网点。北京商务局表示，2025年将实现一刻钟便民生活圈全覆盖，促进北京生活服务业转型升级。

"一刻钟"的便利也并不局限于试点城市。2023年3月2日，商务部部长王文涛在国务院新闻办新闻发布会上表示，下一步，商务部将在全国范围内开展一刻钟便民生活圈建设三年行动，优化社区消费空间布局，配强消费载体设施，提升智能化便利化水平，丰富多元消费业态。

这意味着"一刻钟"便民生活圈建设将在全国扩容，而即时零售作为新的消费业态将发挥更大的作用。

中国连锁经营协会发布的《2022年中国即时零售发展报告》显示，从地域看，即时零售在一二线城市兴起，目前在高线城市的渗透率为低线城市的3.3倍，但低线城市近年渗透率增速迅猛，未来将呈现从高线城市向低线城市发展、从发达地区向中西部地区发展的趋势。

即时零售不仅让本地消费潜力被进一步激发，也使得便民生活圈建设步入新阶段，城市烟火气更旺、居民幸福感更高。

延伸阅读

最快5分钟！无人机"空投"奶茶到世界之窗

"点一点手机，最中意的奶茶就能从附近商圈发出，'搭乘'无人机送到消费者手中。从下单到喝上一口奶茶，全程最快仅需15分钟。"这种基于即时零售全场景下的硬核科技体验，在其他地方或许尚属新鲜，但不少深圳市民早已体验过。

这一配送速度已经被刷新。

2022年10月28日，深圳世界之窗与锦绣中华两大5A级景区宣布与美团无人机达成合作，即日起至11月6日开启全国首家景区快闪无人机便利店。在景区内用手机点好外卖，商家出餐后，无人机5—8分钟就能将餐食送到景区内游客手上。

深圳商报记者体验发现，当天，快闪店提供了饮品和甜品可供选择，记者下单后，景区外的商家准备好餐食由快递员送至起飞点，无人机只用了5分钟就降落在世界之窗快闪店，并将外卖投到智能柜中，工作人员只需在下方取出外卖即可。

据了解，目前在景区内设立的无人机降落点，占地面积约3—4平方米，在正常状态下，可为游客提供周边3公里半径内的商品，配送时间最多15分钟，如果人工送需要30分钟以上。

城市低空末端物流高效、稳定的优势，成为近两年相关产业快速落地的重要原因。根据深圳市交通运输局数据，截至2022年8月底，美团无人机已在深圳开通11条城市场景常态化试运行航线，覆盖11个社区，4个商圈，服务覆盖近20000户居民，完成面向真实用户的订单超7.5万单，配送飞行总时长超过1万小时，累计测试40余万架次。

近年来，餐饮外卖、商超到家等业务催化了年轻一代消费者的快节奏生活模式，人们对于时效体验的敏感度越来越高，热衷“所见即所得”和“不能等”。不同于传统以“日”计算的电商平台，以美团闪购为代表的即时零售平台，都在提供“分钟级”的配送体验。

“人这种生物，只要享受过一次‘便利’，就会有更进一步的期待”，7—Eleven便利店创始人铃木敏文在《零售的哲学》一书中的总结被很多零售人奉为变革的圭臬。

因此，外卖的想象力远不止餐饮和手机。生鲜、日用、快消、药品、鲜花、母婴、美妆等商品，都有机会实现外卖路径的复用，“万物皆可到家”的时代呼啸而至。

■专家观点

理解我国"Z 世代"，迎接消费新浪潮

美团研究院

周海伟　厉基巍

互联网的快速发展使人类的生活方式持续改变。作为"互联网原住民"的"Z 世代"已逐步成长起来。从全球范围来看，"Z 世代"一般指 20 世纪 90 年代中后期到 21 世纪 10 年代早期之间出生的一代人。联合国数据显示，"Z 世代"是全球有史以来人口最多的一代人，2020 年人口为 18.5 亿人，占全球总人口的 23.7%。展望未来，"Z 世代"将成为推动各国经济社会发展的中流砥柱，其重要性不言而喻。本文对中国"Z 世代"的人口学特征、成长环境和消费特点进行初步分析，希望为迎接消费新浪潮提供有益的启示。

一、中国"Z 世代"的人口特征

（一）人口总量大，多数人仍处于学生阶段

关于如何界定中国"Z 世代"的出生年份，各界仍有较多争议。本书参考全球较为通行的定义，将中国的"Z 世代"定义为 1996—2010 年出生的人口，目前其年龄为 11—26 岁；同时定义"千禧一代"和"X 世代"分别为 1981—1995 年和 1965—1980 年出生的人口。2020 年中国"Z 世代"人口总量约为 2.53 亿人，占总人口比重为 17.6%，低于全球平均水平。2050 年之前，"Z 世代"占中国总人口的比重预计将保持在 17%以上。

国家统计局数据显示，1996—2010 年中国大陆地区出生人口数呈“前高后低”的态势。从年龄上看，中国“Z 世代”中一半以上的人已经成年，有 3/4 以上处于中学或大学阶段。近年来“Z 世代”开始陆续步入职场，随着年龄和收入的增长，他们的消费潜力将持续释放，成为下一个 10 年中国的主力消费人群之一。

（二）大多出生于低线城市或农村，大量集中在下沉市场

从地区分布看，因农村人口基数更大、人口出生率较高等原因，大多数“Z 世代”出生于低线城市或农村。根据国家统计局数据，1996—2010 年中国人口城镇化率由 29.04%增至 49.95%。随着中国城镇化率的快速提升，不少“Z 世代”在成长过程中随着家庭由农村迁移至城市，但仍有大量“Z 世代”集中在下沉市场。根据青山资本的分析，“Z 世代”中城镇人口与农村人口之比约为 4 ∶ 6。经济发达地区的“Z 世代”人口占比较低，例如在上海、北京、广东、浙江等省市，“Z 世代”人口显著少于其他世代；而在西南、西北等地区，“Z 世代”的人口占比明显更高。他们是中低线城市的“年轻购物达人”，也是“小镇青年”的主要组成部分，是推动下沉市场消费发展的重要力量。

（三）性别失衡较为严重，男性远多于女性

“Z 世代”是中国全年龄段男女比例失衡最严重的群体。自 20 世纪 80 年代推行独生子女政策以来，中国出生人口男女性别比开始走高并持续上升，从 1982 年的 108.5 上升到 2005 年的最高值 118.6。近年来计划生育政策逐步放开，出生人口男女性别比又开始逐渐下降，2017 年已降至 111.9。于是，1996—2010 年成为中国出生人口性别比最高的一个时期。根据 2015 年全国 1%人口抽样调查数据估算，中国“Z 世代”人口的男女性别比已达到 117.9。“Z 世代”的性别比例失衡将加剧未来婚姻市场上男性过剩的现象，形成较大规模的单身群体，成为生育率降低、家庭规模小型化的重要因素。

二、认识“Z 世代”的成长环境

从人生发展历程来看，童年和青春期所处的社会经济状况对人的认知模式会产生固有、稳定的影响。改革开放以来，中国社会面貌持续焕新。全新的成长环境及时代背景对“Z 世代”的观念个性和消费偏好带来了深刻的影响，有必要对其进行深入分析。

（一）第一代“互联网原住民”，与互联网发展无缝对接

提到“Z 世代”的成长环境，就绕不开他们“互联网原住民”的身份。他们一出生就和中国网络时代的发展无缝对接。最早一批的“Z 世代”度过婴幼儿期，形成有认知的完整记忆时，以门户资讯为主要内容的 PC 互联网产业在中国开始发展。当他们步入中小学产生交友、社交需求时，网络即时通信工具成为他们社交和娱乐的平台。随后兴起的网络文学、视频、游戏则给他们带来了丰富的休闲娱乐体验。当他们走向成年，移动互联网飞速发展，深刻影响购物、出行、支付、传媒、本地生活服务等各个领域，改变了人们的生活方式。如果说上一代人通过调整已有的生活方式适应互联网时

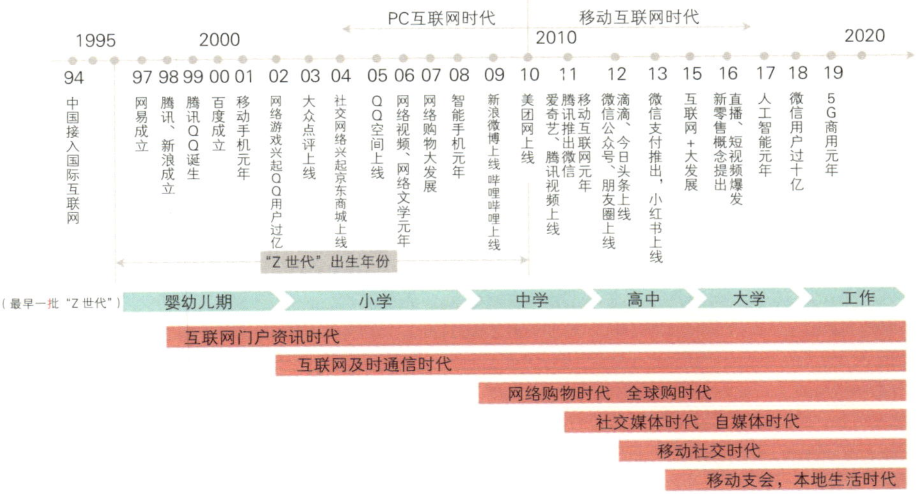

代，那么“Z 世代”天然就习惯这种生活。他们不再“上网”，而是“活在网上”。

（二）享受国家经济发展红利，拥有更优越的物质条件

一方面，许多“Z 世代”出生于中国人口城镇化快速推进的时期，在成长过程中随父母从农村迁移至城市，切身地感受到家庭生活质量的积极变化。同一时期，中国居民家庭收入水平快速提升。1996—2010 年中国城镇居民可支配收入由 4829 元增加至 19109 元。与他们的父辈不同，大多数“Z 世代”不曾度过物质极度匮乏的童年，他们享受着国家经济发展带来的红利，理所应当地认为自己将拥有更优越的物质生活。

另一方面，许多“Z 世代”是独生子女。作为家中唯一的孩子，他们获得了父母更多的注意力和更慷慨的经济支持，享受消费生活的自由度更高。“中国少年儿童发展状况”调查数据显示，和 2005 年的“90 后”相比，2015 年的“00 后”拥有零花钱的比例更高，零花钱数额也更大。不仅如此，“Z 世代”从小就广泛参与或影响各类家庭消费决策。他们从小生活在消费

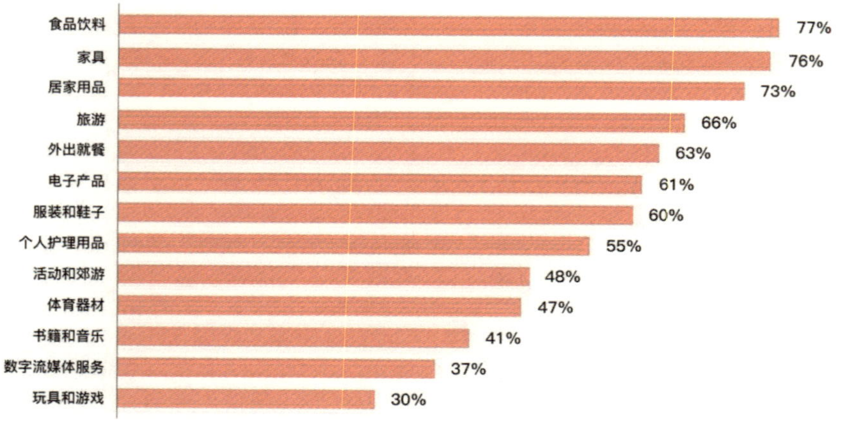

问题：在哪些类别上，您会影响父母的支出？

资料来源：IBM 商业价值研究院

注：百分比表示认可该项的受访者占比，数据来自对全球 1.56 万名“Z 世代”消费者的调研

社会中，善于享受消费生活，成为“有钱花、会花钱”的一代人，是“天然的消费者”。

表 1 不同世代少年儿童随身携带的零花钱（%）

	“90 后”（2005 年）	“00 后”（2015 年）
没有	34.1	28.1
1—4.99 元	39.8	17.6
5—9.99 元	11.7	16.3
10—19.99 元	8.8	17.9
20—49.99 元	0.6	4.0
50—99.99 元	0.6	4.0
100 元及以上	0.4	3.5

数据来源：“中国少年儿童发展状况”调查，其中“90 后”数据来自 2005 年调查结果，“00 后”数据来自 2015 年调查结果。

（三）家庭成长环境更包容开放，受教育程度显著提高

与上一代人相比，更多“Z 世代”在 3—4 人的小家庭中成长。2015 年中国少年儿童发展状况调查数据显示，近六成“00 后”生活在三口或四口之家。国家统计局数据显示，1982—2010 年中国家庭户均人口规模由 4.4 人下降至 3.1 人。家庭规模小型化推动着家庭亲子关系的变化：在大家庭中，为维系大量成员和谐共处，就必须建立规范和长者权威；但随着家庭成员的减少，成员之间更可能彼此平等对待，父母与子女也几乎可以像朋友般平等相处。

“Z 世代”成长的家庭环境更加开明和民主。“中国少年儿童发展状况”于 2005 年和 2015 年分别对“90 后”和“00 后”少年儿童进行调查，数据显示，“00 后”的父母中愿意听取孩子意见的有 28.8%，相比“90 后”的父母增加了 9.7 个百分点。从未挨过打的“00 后”有 46.7%，比“90 后”增加 18.0%；从未遭受父母训斥或吓唬的有 54.2%，比“90 后”增加 8 个百

分点。有时挨打的“90后”（16.8%）、“00后”（12.0%）和经常挨打的“90后”（4.9%）、“00后”（4.3%）较少。更民主的家庭教养方式增强了亲子关系的亲和度和支持性。普遍而言，“Z世代”从小能获得更多的理解和支持，更多的与父母对话的机会，以更大的自由度追求个性，发展兴趣爱好，甚至主导自己的重大人生选择。

“Z世代”将成为中国迄今受教育程度最高的一代人。1999年后中国高等教育大幅扩招，普通高校本科毕业生人数连年增长，由1998年的40.5万人大幅增至2020年的420.5万人。最早一批“Z世代”于2014年前后迈入大学（一般是18周岁上大学），同年中国18—22岁人口普通高校毛入学率已达到37.5%，远高于其父辈成年时期不足5%的水平，并且这一比例近年来仍在持续提升，2020年达到54.4%。按照这一趋势，每两个“Z世代”中将至少有一个会接受高等教育。更高的受教育程度往往意味着更丰富的知识、更高的技能、更开放多元的价值取向。

（四）在全球化世界中成长，见证了中国综合实力的跃升

20世纪90年代以来，中国加入世界贸易组织（WTO），深入实施“一带一路”倡议，推动“构建人类命运共同体”。“Z世代”从小生活在融入全球化进程的中国，具备较为开阔的全球视野，对国际事务有更多感知。此外，互联网带来的资讯大发展和内容大爆发也让他们从小就得到了更多关于世界各国的知识。部分大城市中的“Z世代”甚至从小就有国外旅行或留学经历，对全球多元文化有更多亲身的体会。更高的受教育程度和“互联网原住民”的身份也为他们与全球各国的同龄人建立理解、有效沟通打下了基础。

“Z世代”成长过程中，中国综合国力快速上升，全球影响力日益增强。神舟飞船载人升空、汶川大地震全民救援、北京夏季奥运会和冬季奥运会成功举办等重大历史事件塑造了这一代人的集体记忆，提升了民族凝聚力和民族自豪感。在这一背景下，“Z世代”对国家道路、主流价值观的认可度显著提升。

三、“Z世代”引领的消费新趋势

只有捕捉主力消费人群的变化，才能准确理解未来消费社会的走向。展望未来，“Z世代”将是下一个10年消费市场增长的关键。目前，“Z世代”已经表现出许多鲜明的消费特点。结合对他们成长经历及相关社会背景的分析，“Z世代”的部分消费倾向保持稳定，未来有望引领全社会的消费趋势。

（一）消费全面线上化

随着互联网技术全面渗透，“Z世代”的生活对互联网的依赖越来越明显。中国互联网络信息中心数据显示，2020年全国未成年人网民（大多是“Z世代”群体）互联网普及率达到94.9%，远高于同期全国平均水平（70.4%）。市场调研数据显示，中国“Z世代”网民月均上网时间为174.9小时，比全体网民平均水平多24.8%。

时刻在线的生活方式带来“Z世代”消费行为的全面线上化。在消费之前，“Z世代”习惯先在网络搜索相关信息，消费决策建立在充分透明的信息基础之上。如参考美妆博主的推荐决定是否购买某个化妆品，依据关键意见领袖（KOL）的测评决定是否入手最新款的手机，观看旅游博主的视频决定是否前往某地旅行等，已经是“Z世代”普遍的生活方式。麦肯锡对2947名中国“Z世代”的调查显示，有55%的“Z世代”将品牌官方社交账号作为重要信息来源，有44%的“Z世代”将网络博主、网红的意见作为影响购买的三大因素之一，这一比例高于“千禧一代”和“X世代”。与此同时，传统的线下口耳相传对中国“Z世代”购买决策的影响力日渐式微。“X世代”“千禧一代”“Z世代”中，将亲朋好友线下建议视为影响购买的第一大因素的受访者占比分别为15%、10%、8%，将其视为第二或第三大因素的受访者占比分别为54%、40%、35%。

从购物渠道看，尽管“Z世代”也常逛实体门店，但实际更多是在线上下单。市场调研数据显示，中国一半的“05后”将线上作为首选购物渠道，另有三成采用线上线下结合方式购物。作为数字影音、网络社交、娱乐游戏等纯线上消费的主力消费人群之一，“Z世代”乐于在线上分享消费体验，形成“电商晒单评价—主动分享—社交网络分享”的行为链，是网络消费评论的主要贡献人群之一。北京师范大学有关部门调研数据显示，一半以上的“95后”消费者在收到网购商品后会晒出或者评论商品，36%的“Z世代”愿意向朋友分享线上商品和店铺，比以往代际人群高出10个百分点。

（二）为创新而买单

“Z世代”成长于科技日新月异、创新层出不穷的时代，他们很小就开始关注了解5G、人工智能、无人驾驶、智能网联汽车等前沿技术。他们对科技的价值有着更高的认可，倾向于将创新视为理所应当，对未来科技发展有着更乐观的预期。戴尔科技集团对全球超过1.2万名“Z世代”的调查显示，中国82%的“Z世代”渴望尽可能快地使用尖端科技。具体到消费领域，他们喜欢尝鲜，积极地拥抱各类科技产品，更愿意为创新买单。例如，“Z世代”更多地关注汽车造型和设计方面的创新，他们认为车辆应该是一个具有“科技感”的智能空间。他们也是无人机、机器人、可穿戴设备、智能家居家电、高端数码产品等智能科技产品的重点潜在消费人群。

（三）热衷体验消费

在收入水平提高、闲暇时间增多等因素的推动下，人们的消费需求不仅仅在于拥有物品，更多地转变为追求特定的体验，感受生活的多样性。例如，听音乐会、看话剧、去高级餐厅用餐、出国领略异国风情，这其中的大部分支出本质是购买体验。年轻的“Z世代”消费者大多数较为看重消费体验，购物的惬意体验不再单纯地来自对商品的占有，也包含来自消费过程中的心理契合与精神满足。“Z世代”追求丰富的人生经历和生活感受，愿意为获得“不同的体验”而买单。

近年来，密室逃脱、剧本杀、狼人杀等推理体验类活动大受追捧，VR体验、轻极限运动体验馆等项目快速兴起，都离不开“Z世代”消费者的推动。美团数据显示，中国“Z世代”消费者对剧本杀、密室逃脱、VR体验等的倾向性显著超过全年龄段用户的平均水平，也明显强于26—30岁、30—40岁等主力消费人群。尽管“Z世代”的整体收入水平还不高，却贡献了上述3类体验消费总消费金额的1/3。而在他们的整体消费支出中，体验式消费显然占据着更大的比重，或者说，体验式消费能给他们带来更大的满足感，“Z世代”将成为重视体验多于拥有物品的一代人。

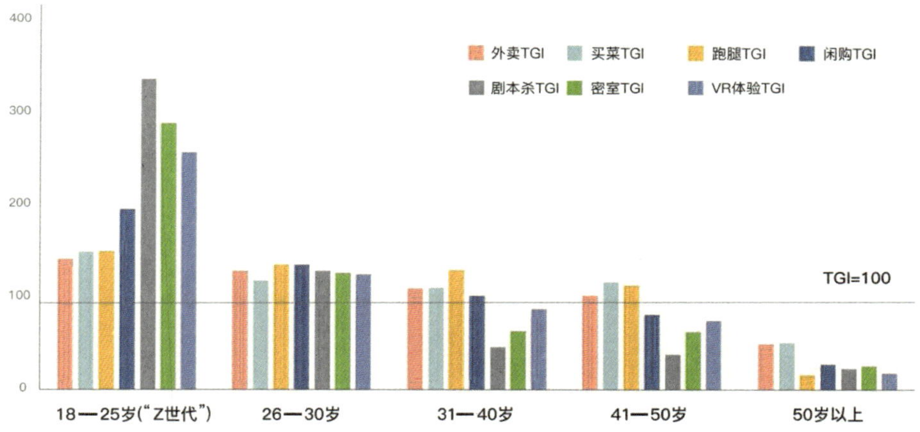

资料来源：作者基于2021年美团平台交易和消费数据测算

（四）追求极致便利

互联网的发展给现代生活带来了前所未有的便利，近年来基于LBS技术的各类到家服务业态蓬勃发展，更使人们在短至半小时内就可以足不出户获得商品和服务。“Z世代”对此早已习惯，普遍追求极致便利的消费体验。

追求极致便利在时间上体现为要求更快的速度。埃森哲调研数据显示，中国“Z世代”消费者比“80后”“90后”更看重网上购物的配送速度，其中一半以上希望能当天甚至半天就收到商品，也更愿意为快递配送支付额外的费用。美团平台消费数据的测算显示，对于买菜到家、跑腿闪送、餐饮外卖等半小时即时配送服务，“Z世代”比其他年龄段的人群显著表现出更高的倾向性。“Z世代”对便利的追求也体现为付出更少的体力和精力，轻松享受生活。以一日三餐为例，比起自己外出买菜回家做饭，“Z世代”更偏爱点外卖。“Z世代”点外卖的频次比全部用户的平均水平高出50.7%。对于工作餐，他们也更倾向于前往便利店等场所购买各类简餐。便利蜂对全国超过1600家门店的调查发现，“Z世代”占所有热餐消费者的三成以上，并且其用户数量增速高于其他各年龄段消费者。

从未来趋势看，受晚婚晚育、少子化等趋势影响，“Z世代”中将出现更多单身群体或小家庭，这将使更多原本可由其他家庭成员提供的服务不得不转变为由社会提供。再加上工作忙、压力大、生活节奏快等因素叠加，“Z世代”对各类到家便利服务的消费需求将持续增长。

（五）偏好国货国潮

国际品牌曾经是舒适、现代化、高品质生活的标志，但这一现象正在逐步改变。从李宁、安踏、回力鞋到大白兔、六神，各个领域的国货品牌正受到年轻消费者的热捧。“Z世代”对国货国潮的偏好已成为引人注目的现象。2020年《中国青年报》对全国998名大学生展开的问卷调查显示，79.8%的受访大学生愿意支持国货。支持本土企业发展和升级（48.7%）与支持国货产品、有亲切感（50.8%）是促进他们支持国产品牌的原动力。

“Z世代”较强的民族自豪感和爱国情怀是他们偏好国货国潮的心理基础。更丰富的资讯、更开阔的眼界减少了“Z世代”对国货的偏见和国外大牌的盲目追求。另外，近年来国货的产品质量和设计水平快速改善，国货国潮在消费者心中的认可度不断提高。国货企业凭着本土优势，可以更精细地捕捉国内消费者的需求变化并快速做出应对，迸发出强大的品类创新活力。上述因素都对国货国潮的流行趋势构成持续支撑。

（六）圈层消费活跃

“Z 世代”有着更开明的成长环境和更高的受教育程度，价值取向更加多元化。拥有特定兴趣爱好的年轻人通过社交网络寻找志同道合的伙伴，用自成一派的语言逻辑和体系建立社群，形成诸如电竞圈、二次元圈、国风圈、模玩手办圈、硬核科技圈等各类圈层，催生了众多细分消费市场。

人人都可以通过互联网高效地涉猎不同的领域。对于“Z 世代”而言，领域的广度并不稀奇，对某个领域的深刻见解和成果更能代表自己。因此，他们愿意在特定的领域投入大量金钱和精力，乐于为自己的兴趣爱好买单。比如有人特别爱玩耳机，他会将大部分收入都用来购买耳机，在耳机上追求更高的品质。而对其他商品品类，他们又非常注重性价比，擅长用各种工具比价。因此，有人用“局部不差钱，整体不够花”来形容这种消费结构。

活跃的圈层消费将会是一股稳定的趋势。从消费观念演变趋势看，随着消费社会的发展，人们会更多地凭心情和感觉挑选符合自身个性的商品。一方面，消费逐步成为界定自我、凸显个性的方式，必然使得消费内容多元化。另一方面，“为热爱买单，取悦自我”已成为“Z 世代”消费的重要动机之一。他们通过消费取悦自己，获得幸福感，是真正愿意为喜欢的东西付出的人，普遍认为“如果是让自己快乐的事情，即便多花一点钱也无所谓”。

四、启示和建议

中国“Z 世代”在全新的时代中成长，形成了崭新的消费观念和消费偏好，带来了主力消费人群的世代更迭，将引起消费社会的广泛变迁。深入理解“Z 世代”已成为更好迎接未来消费浪潮的重要一课。基于上述对“Z 世代”的分析可以得到五点启发和建议。

（一）消费领域内的创新正变得前所未有的重要

创新不仅带来新的产品和服务，也改变着人们购物、支付、娱乐等消费行为，从供需两个方面推动消费社会发展。如今，不仅生产者时刻强调创新发展，消费者对创新的期待也越来越高，更多人愿意为创新买单。面对将创新视为理所应当的“Z 世代”消费者，企业必须持续进行科技或设计的创新，提供更丰富、更优质的产品和服务，占领年轻消费者的心智。鼓励创新也应作为消费政策制定的重要思路。既要支持科技产品的研发、应用和推广，拓展各类新兴技术的应用领域，也要注重科技创新对各消费领域的持续赋能。例如，继续完善数字消费基础设施建设，加快推动商贸流通、生活服务等消费领域的数字化转型。

（二）消费便利化的趋势将持续强化

面对快节奏、压力大的现代社会，人们愈发追求便利的生活。近年来，中国便利店、电商平台、外卖点餐、买菜到家、跑腿闪送等便利消费业态的发展也受益于此。“Z 世代”对互联网时代中的各类便利服务习以为常，消费便利化的趋势有望持续强化。由于离消费者足够近，各类社区商业在节约消费者时间和精力方面具备优势，未来通过提升品质、拓宽品类丰富度可形成较大的市场空间。政府则可进一步推进便利服务基础设施的建设，支持智能取餐柜、智能快递柜、智能自助服务系统等便利服务终端布局，打造城市“一刻钟生活服务圈”，满足人们对便利消费和美好生活的需求。

（三）注重消费体验，发展体验经济

美国著名未来学家阿尔文·托夫勒在《未来的冲击》一书中预言，人类社会在经历了农业经济、制造经济和服务经济之后将迎来体验经济的浪潮。近期“元宇宙”概念持续火热，也反映了人们希望在虚拟世界中丰富人生体验的期待。展望未来，消费体验愈发重要，体验经济的发展潜力巨大。此外，体验意味着人们投入时间亲身参与，因此充足的闲暇时间也是发展体验经济的前提。建议政府探索调整现有休假制度，敦促企业落实带薪年休假和法定节假日休假制度，保障劳动者休息休假权利。

（四）加强本土品牌培育，持续提升国货品质

从欧美、日本的历史发展经验看，当一个国家或地区形成规模庞大的中产阶层，这个国家或地区往往会诞生出一批国际知名的消费品牌。中国正处于这一阶段，“Z 世代”对国货国潮的偏好更为本土品牌的发展提供了良好契机。一方面，本土品牌应该持续提升产品的国际竞争力，吸引更多高端的设计、营销人才，不断升级技术、改造工艺，提升产品质量和层次。另一方面，建议政府加强对本土企业品牌的培育、推广和传播，提升中小本土品牌的知名度，鼓励老字号企业将传承与创新融合，促进品牌形象年轻化；识别一批“小而美”、专注于细分市场的国货国潮品牌，支持相关企业挖掘居民消费新需求，积极开拓新品类。

（五）鼓励发掘消费新品类，支持消费新业态发展

近年来，中国各类新兴消费市场初具规模，盲盒消费、手办模玩、国风汉服、VR 体验等成为社会关注的热点消费现象。面向未来，“Z 世代”追求新鲜体验、圈层消费活跃等特点将持续激发市场的创新潜能，催生出更多的新兴消费品类和消费业态。这些行业在初期的快速发展过程中可能形成一些潜在的问题。但整体而言，新兴消费业态的发展体现了市场的创新活力和人民对美好生活的追求，有利于中国消费增长和社会发展。建议政府保持积极开放的心态，继续秉持包容审慎的监管理念，鼓励企业挖掘更多消费新品类，支持消费新业态发展。

年度热词

消费复苏：是指在经历过一段时间的经济下滑或消费低迷之后，经济开始恢复并且消费者的购买力逐渐增强，引导消费市场出现增长的现象。在消费复苏期间，消费者对商品和服务的需求开始增加，消费市场逐渐回暖，各行业的销售额也开始增加。消费复苏通常被视为经济复苏的重要指标之一，因为消费是国民经济的重要组成部分，消费市场的繁荣和增长可以促进经济的发展。

精致露营：(Glamping，Glamorous Camping 的缩写)，是一种融合了豪华旅游和野外露营的休闲方式。与传统露营不同的是，精致露营通常位于自然景区、公园、海滨等户外场所，它的休闲属性与社交属性更强，更注重露营装备与环境的颜值与风格，拥有更好的舒适性和娱乐感，是一种沉浸式、个性化的户外美学。

陆地冲浪：(Land Surfing)，是一种运动方式，类似于海上冲浪，但是在陆地上进行。它是一种新兴的极限运动，旨在模仿海上冲浪运动的感觉和技术，但在陆地上通过滑板或其他装置进行。陆地冲浪在近年来逐渐受到青年人的欢迎，尤其是在城市环境中，人们可以利用公园、广场、自行车道等平坦的地面进行练习和比赛。它不仅可以锻炼身体的协调性和平衡感，还可以提高运动员的反应能力和创造力，成为一种有趣、刺激和具有挑战性的运动方式。

围炉煮茶：是中国传统文化中的一种茶文化体验方式，也是中国社交文化中的一种重要形式。三五好友，起炭生火，煮一壶茶，烤红薯、柿子、红枣等，边烤边吃、边煮边聊，这是现代围炉煮茶的场景配置。在现代社会中，围炉煮茶已经成为一种时尚的生活方式和文旅体验项目，因充满仪式感而颇受年轻人的欢迎。

预制菜：是以农、畜、禽、水产品为原料，配以各种辅料或食品添加剂，经过分切、搅拌、腌制、滚揉、成型、调味等工艺加工后可直接进行烹饪或食用的菜品，以便捷高效为特点。2010 年左右预制菜 B 端进入放量期；2020 年疫情发生后，C 端需求高增，预制菜企业纷纷布局 C 端市场。根据对原料加工深浅程度以及食用方便性，预制菜可分为即食食品、即热食品、即烹食品、即配食品。

即时零售：是以即时配送体系为基础的高时效性到家消费业态，属于典型的零售新业态和消费新模式。即时零售的主要特征是“线上下单，线下 30 分钟送达”，其供给高度依赖本地门店。即时零售业态的发展创造更多的本地就业机会。

一刻钟便民生活圈：是服务半径在步行 15 分钟左右范围内，以社区居民为服务对象，以满足居民日常生活基本消费和品质消费等为目标，以多业态集聚形成的社区商圈。从 2021 年起，在商务部和有关部门的大力推动下，不少地方落实了试点方案。

韧性时代：是指当前社会面临不断变化和不确定性的时代，要求个体和组织具备适应变化和应对挑战的韧性能力。在韧性时代，人们需要具备面对压力和挫折的适应性和恢复力，同时还需要具备创新能力和自我学习能力，以便适应环境的变化并抓住机遇。在韧性时代，社会、经济和环境等方面的不确定性因素增加，如全球化、气候变化、科技创新、政治不稳定等，这些因素对个体和组织的生存和发展都带来了各种挑战和压力。因此，韧性成为一个越来越重要的概念，人们开始注重提高自身的韧性能力，以应对不确定的变化和挑战。

■ 产业篇

数实融合加速铺开，传统产业迎来创新玩法

“十四五”时期，“数实融合”进入了一个新的阶段，呈现出数字产业化和产业数字化协同并进的新气象，在众多传统行业引发了一系列的“新旧融合”。

越来越多的餐饮业实现了线上线下“双主场”的经营模式，一些大的品牌店甚至设置了线上线下“双店长”，通过线上增长给餐饮店的经营增添更多的确定性。打开了线上化的新格局后，一些餐饮品牌跨界进入二次元世界，让品牌收获大量年轻的消费者。不只是数字化营销，餐饮企业也开始广泛使用数字工具来提升客户黏性，分析总结运营效率。创新玩法让餐饮这个古老的产业活泼了起来。

在零售行业，自动配送车、无人机等新技术的引入，让困扰全行业的“最后一公里”配送难题有了解决的希望。各地方推出各种政策，为自动驾驶的试点和落地打开方便之门。零售是对接最前沿需求的窗口，新零售店已经开进了“元宇宙”。元宇宙消费场景的搭建和拓展，更是为消费者的购物体验多加了一层魅力：北京、上海、南京等城市在实体消费场景中植入元宇宙世界观设定，让人们在元宇宙的氛围下进行实地消费、休闲娱乐；许多旅游景点、零售品牌也打造了虚拟场景，消费者可以从中获取真实的产品和服务，得到身临其境的审美感受。

制造业和数字化融合的广度和深度进入深水区，无人化、智能化、低碳化成为新融合的课题。智慧工厂用上了数字孪生、VR、AR等新科技，推动了生产环节的数字化变革，也提升了生产的精确度。鄂尔多斯无人矿场的有序开工运行，更让人意识到数实融合在降低制造业碳排放、促进安全高效生产上的巨大潜力……

新产业新业态新模式，正在重新构建人们对经济生产活动的想象。今后，数实融合将会成为各行各业的主要趋势和发展方向。数字技术作为有史以来最强的第一生产力，将会让千行百业焕发出新的生机和活力，推动中国经济的高质量发展。

数字化打通餐饮全链路，潮流 IP 触达年轻人群

艾媒咨询调研数据显示，2022 年，39.2%的餐饮消费者消费频次增加，44.8%的消费者消费次数不变，16.0%的消费者消费次数减少，行业整体需求较为旺盛。但随着同质化竞争日益加剧，如何创造自己的差异化优势，成为许多餐饮企业面临的首要问题。

对于新式茶饮连锁品牌古茗而言，制胜之道在于从源头保证优质食材的稳定供应：茶饮越来越像一门“农业的生意”，谁能在原料品质上做到更胜一筹，谁就往往能在终端口感上收获消费者的喜爱。

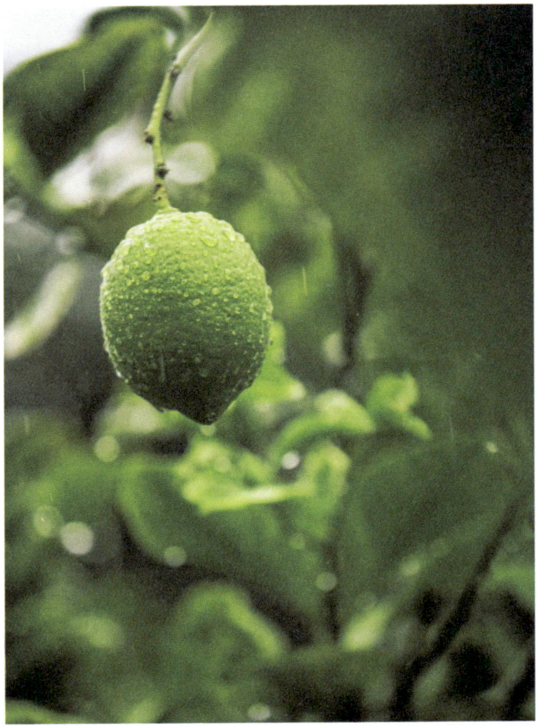
柠檬种植

为此，古茗找到了更简便的实现源头管控的方式。2016 年，古茗柠檬基地负责人黄梦泽带着团队来到云南西双版纳，他们看中了一片 4000 余亩的果园，只在里面种一种作物——香水柠檬。这些柠檬香味独特，消费者反馈相当不错。

云南之于香水柠檬堪称得天独厚。树种植三年后即可收获，一年 12 个月都有产量，每隔 7 天采摘一

次。香水柠檬打破了边陲山村的宁静，大量农户参与种植采摘。针对这种新的经济作物，黄梦泽团队为当地农户设计了图册，将产品分为不同等级，画成图样，方便对比分类。团队还带来了时间管控、科学管理等一整套先进模式。

茶山精细化运营、果园定制化育果的先进模式，与云南农户丰富的本土经验两相结合，让农业变了模样。

鲜果茶饮对时效性要求极高。从产地到仓库再到门店，兜兜转转几千公里，如何保证源头好货到了消费者那里仍然是新鲜的？如何确保供应能精准把控起伏的市场需求？数字化的即时配送网络，成为像古茗这样的茶饮企业疫情后抵御风险的防波堤。

更显著的趋势是，田间管理的数字化水平也在快速提升，古茗考虑要引进大数据管理和无人机喷药等新技术。在一杯杯奶茶背后，初级农业正在产地向一二产融合的农工业转变，规模化及精细化成为种植采摘的默认选项。用数字技术实现对原材料所有重要环节的精准把控，是中国餐饮业高质量发展大趋势的一个截面。

今天，线上下单，按需进货的方式，融入越来越多连锁餐饮品牌的日常。“由于春节后餐饮市场陷入冰冻，仓库囤积了大量食材，我们内部足足用了一个多月才消耗完毕。”深圳餐饮圈老“网红”润园四季供应链总监黄光春回忆起2022年初疫情来袭时的情景，依然心有余悸。面对“黑天鹅”事件，餐饮企业解决供应链对市场不够敏感、仓储和配送成本高等问题刻不容缓。

2022年1月，通过多次筛选、接触和全面了解后，润园四季与美团快驴开展合作。美团快驴为广大中小餐饮企业提供了一站式购买渠道，能够有效缓解商家对批发市场依赖性大、议价空间小等问题。“供应链数字化的优势在于，让餐厅采购变得更为省时省力。连锁助餐点不用每天早起采购食材，店面营业前就能收到当天食材。”黄光春说，通过APP就可以对选货、订单、售后、财务发票进行查询及管理，订货时长也从2小时缩短至10分钟。“库存管理数据化后，我们不用囤货了，把之前使用的 4000 平方米仓储和运输车队的成本节省下来。”现在，润园四季与美团快驴的合作，已经从最初部分米油和调料，到米油、调味、酒饮、水果、餐厨用品等多品类覆盖，物流等成本下降了 5%—10%。

“我们的门店是没有仓库和中央厨房的，所有的食材都必须要新鲜时运输过来现加工制作，这就涉及一个食材保鲜和存储问题。”陈鹏鹏潮汕菜的区域总经理尹香雪表示，随着夜间用餐人数的增长，店内所需的食材要求和配送次数也在增加。“为了做出高品质的潮州菜，我们在食材上下了很多功夫，海鲜配送过来也必须每一只都是活的。尤其是在晚上用餐高峰期和宵夜档，需要增加配送次数，如果请人来采购或者去租用仓库，那毫无疑问会增加大量的成本。”

现在，陈鹏鹏潮汕菜将门店日常消耗情况提交给总部，当日下单，食材次日就能配送到餐厅后厨，有效避免了囤货和浪费，“食材按需采购，流转更高效、更可控”。门店面临的供应链难题就此迎刃而解。

除了管理田间地头，仓库后厨，数字化还能帮中小商户节约成本。

对于许多中小商户而言，房租占了经营成本的大头；选址的优劣，甚至能决定一家店的生死。过去，经营者常常会拿着计数器，现场用土法观察客流，用户画像也十分模糊。而到了数字化时代，选址真正从“玄学”变成了“科学”：在数字网络中，经营者可以看到一个地区有多少活跃人流，甚至可以细致到他们各自的餐饮消费习惯。

2022 年 11 月，京东物流上线了“与图智能选址”，系统集成了地理环境、社会经济、人群画像等大数据信息，通过将海量数据与智能技术有机整合，针对商超、品牌连锁、便利店、家电、汽车、餐饮等客户开辟新店的核心诉求，提供数据仓库、城市天眼、选址规划、门店评估、智能推荐、对比分析等功能，实现对客户店铺全生命周期管理。

据介绍，某家连锁加盟公司在进行全国城市布局时，曾面临众多难题，比如开新店实地考察成本高，或已被竞品抢占先机，而已有店铺的经营纯粹依靠人员经验，选址比较随意，客流细分判断不够，租金成本难把握，店铺的盈亏难判断，很难确定营销策略，很难实现优胜劣汰。借助“与图智能选址”，该企业首先可以针对已有店铺的辐射区域进行数据交叉分析，利用AI选址模型客观清晰对各个店铺进行能力评价，帮助企业管好店、留好店；同时还可以利用智能推荐快速找到具有相似商业价值的地理区域，最大限度地保证店铺盈利。

腾讯也打造了腾讯有数、云Mall等工具，为餐饮、零售商家提供服务，通过数据分析，腾讯智慧零售可以帮企业进行门店选址、经营策略调整和提效。

古茗的门店选址和经营分析，就使用了美团的分析系统。例如在选址的时候，如果看到附近三公里内茶饮店有3家，生意都不太好，系统就会给出不推荐的建议。古茗华南大区拓展经理朱伟伟表示：“和第三方数字化平台合作，本质上是搭建了一个连锁经营的‘舞台’，通过这个‘舞台’数字化技术可以普惠更多的参与者，我们看到很多年龄偏大、掌握数字化能力相对较弱的创业者，也能通过加盟我们，快速获得数字化经营的能力，分享这个时代的红利。”

在金融方面，中小商户过去是金融业的末梢，信用难以表述，属于被现代金融服务遗忘的角落。随着数字经济的发展，数字平台在长期服务过程中，对中小商户的真实需求及相关数据均有足够的积累，金融机构亦可更好地助力中小商户发展。

2022年4月，光大银行等多家金融机构与美团共同发起了聚焦服务地方特色小吃业的“新市民小微生意支持计划”，在沙县小吃率先落地。该计划以输出地在外务工人员形成的产业集群为发力点，通过银政联动、银企联动，为地方特色小吃经营主体提供包括不少于100亿元无抵押优惠利率贷款额度在内的一系列特色普惠金融服务，帮助这些小微经营主体纾困解难、恢复发展，更好地发挥新市民创业就业带动作用。随着数字经济的发展，以美团为代表的一些数字平台在长期服务过程中，积累了小微群体的真实需求及相关数据，依托数字平台的场景特质与平台属性，帮助金融机构破解信息不对称难题，切实提高小微金融服务的可得性和便利性。

在“买好菜”“开好店”之后，数字时代的餐饮商家已经不满足于传统，渴望开辟新的市场，获得新的机会。

过去一年，餐饮业中一个十分有趣的现象，就是商家与潮流 IP 的跨界融合。2022 年 5 月 21 日，肯德基推出了六一儿童节套餐，购买指定套餐，随机获赠“宝可梦”玩具，其中“可达鸭”可以随着音乐而摆动，舞蹈颇为魔性，令人着迷，一开卖便被抢购一空。一位来自广东深圳的杜先生表示，自己在儿童节套餐开售的第一天上午几乎跑遍家附近的肯德基门店，得到的均是“可达鸭缺货”的答复。“我 21 日、22 日跑了两趟肯德基，看到的都是其他玩具余货充足，但可达鸭早就没有了。”网上也有大批网民分享自己白跑一趟、“一鸭难求”的情况。小红书上更有人戏称：KFC 变成了“鸭店”，进去的人都在问：“有鸭吗？”

时隔不久，8 月 29 日，“原神 X 必胜客”联动套餐正式上架销售。必胜客推出 69 元、89 元、189 元三档特别套餐，附赠《原神》相关联动周边。早在 8 月 24 日，必胜客联名预约券限量约 32 万份开售时，玩家一度挤崩必胜客的服务器。29 日开售当天，不少必胜客的门店前人山人海，与此同时“必胜客”“原神”也登上微博热搜。

2022 年，老字号餐饮品牌也加入新潮流之中。商务部于 2 月专门推出《关于促进老字号创新发展的意见》，其中提出要帮助老字号企业升级营销模式，发展新业态、新模式，营造消费新场景。没想到，转眼之间就变成了行动，而且受益于潮流 IP 的连接能力，不少老字号商家表现亮眼。

2023 年 3 月 17 日，全聚德集团启动第二届“萌动万物”文创节，包括新款咖啡杯、餐具、冰箱贴等多款全聚德 IP 形象萌宝鸭文创产品集中亮相，其中包含多款新品，如鸭嘴咖啡杯、鸭嘴毛绒包等。活动还结合初春家庭踏青出游需求，主推“春季踏青礼包组合”及萌宝鸭国潮杯、创意背包家居系列、玩具公仔系列。活动期间，北京地区 12 家全聚德品牌直营门店进行联合

全聚德门店内的“萌宝鸭”的文创产品展示区

展卖，同时在“全记货铺”微信商城、美团、饿了么上开展文创品折扣活动。

中国全聚德集团总经理周延龙表示，目前在全聚德北京所有直营店和多数加盟店，门口的卡通形象已经更换成“萌宝鸭”，有很多顾客上前拍照合影。“萌宝鸭”全新文创IP形象为品牌聚集了更多“Z世代”的粉丝和流量，吸引年轻消费者体验互动。“接下来，全聚德还将开发更多基于‘萌宝鸭’的文创产品周边，除了具象的产品，可能还会创作系列漫画、歌曲，用更新的方式去触达消费者，达到同频共振。”

面对“90后”、“00后”年轻消费者，创建于1935年的广州酒家始终不忘在创新上下功夫，拥抱年轻消费者。在广州酒家看来，消费迭代之后，新一代年轻人更关注产品里所包含的个性化元素。因此，广州酒家不定期推出潮流新品，比如跨界联名宝可梦、哆啦A梦、吾皇猫等IP，寻找全新的精准营销突破口；在2022年的中秋，广州酒家与中国航天、伊利集团共同推出星月探索联名纪念盒，以粤式饮食文化为底蕴，将正宗广式月饼文化与近年大热的航天文化以贴近生活的方式连接在一起，助力中华传统文化焕发出新的生命力，也为老品牌注入新活力。

餐饮品牌与二次元 IP 的结合，帮助餐饮业快速打破固有圈层，开辟了行业新业态。基于对新消费人群的精准洞察，将“吃”和“玩”结合起来，通过解锁“流量密码”，精准“破圈”。IP 自带的“粉丝经济”背后附带的是年轻一代强劲的消费诉求和购买力，IP 相关的周边可以拉近品牌与粉丝的距离，也为数字时代的消费者提供了一种生活方式。

许多人都听过这样一段话：“‘65 后’下地耕种，‘75 后’加盟经营，‘85 后’创立品牌，‘95 后’骑上电驴，‘05 后’吃到外卖。”这深刻地道出了数字化带来的连接效应——既是人群代际的共同参与、不同产业间的联动运行，也是价值的共同分享。数字时代的餐饮业，除了可以在人群代际间建立连接，还能让产业上下游融为一体，在不同产业间引起共振。这是一幅激动人心的辽阔图景。

延伸阅读

松鹤楼积极转型拥抱数字化，百年老字号焕发新生

近年来，上海大力发展数字经济，推动传统餐饮业的数字化升级。本地不少传统老字号企业纷纷转型，开辟并重视外卖业务，一是为了短期内摆脱疫情影响，更重要的是为了长期保持品牌年轻化，吸引更多年轻人。

豫园股份旗下中华老字号餐饮品牌松鹤楼是一家拥有 200 多年历史的苏式汤面馆，目前在全国范围内开设了 70 多家门店，其中上海就有 50 多家。2022 年初，松鹤楼旗下门店相继在美团外卖平台开设线上店铺，根据线上需求推出招牌面食套餐；松鹤楼还组织了专门的运营团队，发力线上业务。

2022 年初，松鹤楼线上外卖业务遭遇危机：上线不到 3 个月却

遭遇大量“差评”，店铺综合评分仅20分，远远低于平台同类商家。苏州松鹤楼餐饮管理有限公司副总经理邬宋钱表示：“差评不仅会影响到集团对在线业务的计划，甚至会动摇松鹤楼百年老字号的口碑根基。”

为了尽快找到问题所在，松鹤楼主动与为其提供服务的外卖运营师、美团外卖业务经理李庆龙交流，深入分析店铺运营数据。复盘发现，遭受差评的关键原因在于部分门店线上客户咨询回复率低，同时他们未针对在线下单、骑手配送的模式进行新的菜品适配，导致消费者拿到菜品后口感不佳。随后，松鹤楼组织了针对70家门店的系统化培训，重新培训门店经理的外卖业务能力，设计利于远距离配送的餐品包装，并针对外卖特性推出爆款套餐，用更加符合线上经营规律的方式精细化运营外卖业务。

新包装、新菜品的亮相、更加顺畅的出餐流程、更贴心真诚的线上回复、更精致的菜品，让松鹤楼在美团外卖上实现了“翻身”。仅一个月后，店铺评分增长至80分以上；到9月份，线上营业额增长至200余万元，业绩增长远超同类餐饮企业。

苏州松鹤楼餐饮管理有限公司副总经理邬宋钱表示：“越来越多的年轻人习惯通过外卖下单，最快半小时就能拿到餐品，所以上线外卖是餐饮业发展的必然趋势。只有重视外卖、做好外卖才能抓住这波年轻的消费者，扩大松鹤楼这个百年老牌在年轻人中的影响力，让松鹤楼获得新的成长。”

智慧科技赋能零售商店，数字转型重塑生活服务

服务业是观察国民经济的重要窗口，而服务业的稳中有进离不开数字科技提供的新动能。

据国家统计局初步核算，2022 年我国服务业增加值 638698 亿元，比上年增长 2.3%；服务业贡献了国民经济增长的 41.8%，拉动 GDP 增长了 1.3 个百分点，服务业保持了总体向上的良好态势。

服务业中的零售业与人们日常生活息息相关，它的转型最容易被看到。近一年来，消费新业态加快发展，新模式新场景不断涌现，消费市场线上线下加速融合，呈现出数字化、品质化、多样化多种趋势，这些几乎都最先出现在了零售行业。

线上消费成为消费创新拓展的重要来源。2022 年的“双 11”，不论是新商家还是老字号，都是线上线下结合发力，努力玩出更多花样，尽显消费市场韧性。京东家电 28 小时售出了超 1500 万件家电产品；“抖音双 11 好物节”开启 1 小时，抖音商城支付客单价同比增长 217.1%；10 月 30 日至 11 月 1 日，美团外卖数码 3C 品类外卖订单销售额同比增长 13 倍……

有着 300 多年历史的北京老字号文具和字画店荣宝斋也乘上了“直播带货”的快车。“双 11”预售刚一开始，荣宝斋便迅速进入线上直播模式，平均每日花 5 小时在直播间 360 度展示这家老字号推出的文房四宝礼盒，并详细讲解文具与字画的材质和历史典故，赢得了消费者的浓厚兴趣和广泛欢迎。据荣宝斋的电商负责人透露，“双 11”期间，店铺的销售额同比增长了 10 倍，“直播不仅仅打开了销路，也提供了更加立体展示文化的机会”。有

数据显示，2022 年，实物商品网上零售额比上年增长 6.2%，占同期社会消费品零售总额的比重为 27.2%，比上年提高 2.7 个百分点。

过去一年，零售业数字化转型中还有一支独特的队伍，那就是线下药店。有研究显示，目前超过 84.3%的药店在积极拥抱数字化，以线上线下融合的数字化服务为特征，越来越多的中小连锁药店、单体药店引入门店小程序、入驻送药平台。同时，零售药店数字化得到政策支持：商务部发布的《关于“十四五”时期促进药品流通行业高质量发展的指导意见》明确，支持药品流通企业与电子商务平台融合发展，发展智慧供应链、智慧物流、智慧药房等新形态；近几年，许多地区纷纷推出相应政策，推动医药电商行业的发展。

总体来看，零售药店数字化建设与布局目前集中在三个方面：企业信息化系统基础、门店精细化运营管理系统及新零售渠道融合。例如，老百姓从夯实信息化基础、深化数字化转型、强化新零售版图三方面进行布局，着力打造“企业数字化平台及新零售建设项目”；益丰以公司会员客户为核心，满足会员的在线健康咨询、轻问诊、慢病管理、病友交流等方面需求，积极推动“O2O 健康云服务平台”；大参林对全国门店的合规经营、商品管控、人员管理、远程督导等方面进行数字化支持。可以看见，在线医疗和药品快送时代已经到来。

今天，中国零售业的先锋已经来到了线下场景重构的阶段，它融合虚拟现实（VR）、Web3.0 和区块链等新技术，正在为零售体验带来全新的提升，催生出了许多以“元宇宙”为载体的“未来商店”。

2022 年 11 月，国家工信部、文旅部、广电总局、国家体育总局联合发布的《虚拟现实与行业应用融合发展行动计划（2022—2026 年）》指出：虚拟现实是新一代信息技术的重要前沿方向，是数字经济的重大前瞻领域，产业发展战略窗口期已然形成，要加快推进关键技术融合创新，加速多行业多场景应用落地。《行动计划》提出，要在大型会展、时尚创意、智慧商圈、外卖零售等领域遴选不少于 10 个热点商圈，推动虚实融合的“全息街区”样板点建设。

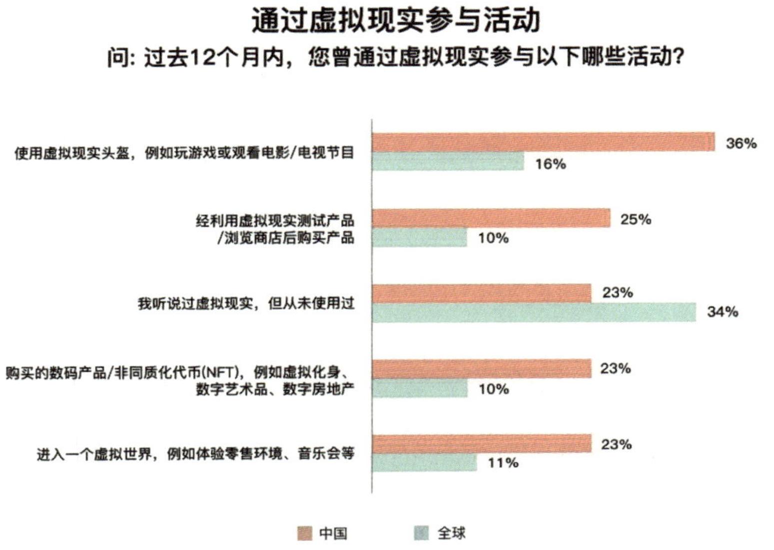

来源：普华永道《2022年全球消费者洞察调研》

2022年2月，北京时尚新地标“BOM嘻番里”正式开业，成为全国首个线下元宇宙主题商场。BOM嘻番里通过虚拟结合现实的方式，将传统的需求型消费与文化消费、体验式消费结合起来，为年轻人提供可以进行轻松互动的消费空间。消费者一进门，便会被给予一个“新身份”，选择相应的游戏阵营后，就可以体验不同的剧本故事线，完成相应的解谜探索任务。过程中消费者可以跟随着故事的动线，到访商场里的各类商家。无论是想用餐、喝下午茶，还是有消费、社交等需求，都可以随着故事线一站式地实现。虚拟空间与现实行动的奇妙连接，给了年轻消费群体充足的参与感。

除北京外，上海、南京、杭州等城市也已通过线下商圈及购物中心等零售场景融合元宇宙元素，打造沉浸式消费新场域。上海虹桥国际中央商务区全面启动了“虹桥元宇宙中心”项目，建设融产业与生活体验于一体的城市级元宇宙空间。该项目将聚合元宇宙领域头部力量，共同构筑一个集产业发展、商业活动、线下体验于一体的元宇宙城市空间。

2023年3月13日，数字科技服务商泰坦数科与百度智能云达成数字人直播元宇宙产业园合作，双方将在泰坦上海北虹桥元宇宙产业中心打造数字人场景中心——全国首个千套数字人直播元宇宙产业园。数字人将成为元宇宙核心的交互载体，未来每个用户都将通过数字二分身，在元宇宙中实现社交、获取服务及消费内容。在直播领域，数字人可通过 24 小时不停歇的 AI 直播，填补闲时流量，提升直播间商业价值，更可通过接近真人的交互能力，实现产品推荐、弹幕互动等，打造丰富多样的直播间玩法，为直播行业实现“虚实结合”打开全新的想象空间。

2022 年 12 月，通过手机 APP 查看上海汉中路地铁站内的增强现实 AR 元宇宙场景

以上两例，均是在实体消费场景中植入元宇宙世界观设定，让人们在元宇宙的氛围下进行实地消费、休闲娱乐。在这种形式之外，元宇宙对于零售业的改造还体现在它可以在虚拟场景中满足消费者的真实需求。例如，线下彩妆店兰芝采取了 AR 虚拟试镜，利用人脸识别技术，通过人脸面部诸如眉毛、鼻子、眼睛、嘴巴等关键点，经过 AR 增强现实技术呈现出虚拟的化妆效果，包含口红、睫毛、腮红、眉毛、眼影等，提供精准、逼真的虚拟造型服务，提升用户体验。

普华永道《2022 年全球消费者洞察调研》指出，目前 0 至 12 岁的阿尔法世代（Gen Alpha），将是第一代在元宇宙中长大的人，他们日后很有可能更青睐数字商品而非实物商品。随着元宇宙生态系统范围的扩大，全渠道体验变得越发重要，传统品牌须为下一阶段的实体店转型做好准备，抓住全新机遇，升级线上和线下体验，满足消费者的需求变化。

零售业的数字化变革不只发生在繁华都市的核心区，更是加速下沉渗透十八线城市、乡镇、农村。

2023 年春节期间，家住江苏盐城日月星城小区的王先生也感受到了不一样的寄递体验：1 月 18 日下的单，1 月 20 日便在小区拿到了自己的新年礼包。只不过，这次将货品递交到他手中的，不是快递小哥，而是中通无人车。取到快件后，王先生还与无人车合了影，分享给亲朋好友："想让朋友们看看我们小区的'新型高科技派送'模式，让他们也羡慕一下。"对比往年，盐城中通网点的春节快件业务量上涨了 20%。为了满足这么大的需求增量，中通网点的 20 台无人车出了不少力。

中通盐城快递网点的无人车主要为两种，一种厢式无人车，承担短驳中转工作，直接将分拣好的快件投送到相应的快递驿站、门店，节省快递小哥往返的时间和精力，提升派送效率；另一种自提柜式无人车，可以直接将快递物品等运送到目的地，用户通过输入密码取出快递。

目前，盐城的中通网点日派送量为 12 万—15 万单，20 台无人车能够处理完其中的 5%左右。中通负责人表示，盐城市政府非常支持无人车项目，网点计划后续再投放运营 200 台，即使在人口不多的乡村，村民也能收到无人车派送的快件。

在江苏，无人快递车的应用场景越来越多：达达快送与自动驾驶公司合作，在苏州启用小巧的"人行道物流机器人"，打造由商超货仓直达小区住户家门口的"小时达"无人配送服务体验，这些机器人还具备自己坐电梯、选楼层的能力。江苏菜鸟校园驿站日均包裹近 100 万单，江苏省共投放快递机器人"小蛮驴"70 余辆，2022 年"双 11"期间送货上门超 30 万件。南京市江宁区的金陵科技学院启用"小蛮驴"派送快递到宿舍楼下。在遇到障碍物或是行人时，"小蛮驴"会选择最优路线，自动完成转弯、倒车退让等动作……

近来，很多城市打出一系列组合拳措施，为更高阶自动驾驶大规模量产持续铺路。比如北上广深等城市先后制定了一系列鼓励政策和管理细则，并推动智能驾驶开放测试互认合作，在不断保障智能驾驶应用落地的同时，为全国智能驾驶测试和商业化运营试点起到示范作用。另外，我国智能驾驶标准化工作正在有序开展，对系统功能、性能要求和检测办法等进行不断规范。9月，工信部发布的《国家车联网产业标准体系建设指南(智能网联汽车)(2022年版)》提出，到2025年要制修订100项以上智能网联汽车相关标准。相关标准的持续出台，标志着我国智能驾驶标准正在逐渐完善，这也为智能驾驶技术的商业化落地提供重要的先决条件。

定位是自动驾驶系统中至关重要的技术环节。随着我国北斗三号全球卫星导航系统正式全球服务，为自动配送车自动驾驶系统提供高精度全局定位数据。美团技术团队在高精度北斗的基础上，自研多传感器融合定位技术，获得稳定的厘米级定位数据，保障自动配送车在城市复杂路况、多场景下安全平稳运行。

美团在“北斗”卫星系统的高精度导航赋能下，逐步研发并推广自动配送车，与即时零售业务结合，构建出满足公开道路、校园、社区、工业园区等室外全场景下的自动配送整体解决方案。目前，美团自动配送车已在北

美团承担国家北斗办、北京市经信局京津冀北斗创新应用项目

京、深圳等多地进入常态化试运营阶段，自动驾驶里程占比超过 98%。截至 2022 年底，美团自动配送车已完成 277 万多单的配送。

除了“地上跑的”，还有“天上飞的”。8 月 4 日，美团与 Manner 在上海开启了全国首家位于露营地内的无人机咖啡快闪店，所有饮品均由无人机完成配送，两到三分钟即可将咖啡送到帐篷门口。

这次咖啡快闪店，仅是美团无人机业务在上海拓展的前哨站。2022 年 12 月，美团无人机首条常态化航线正式落地上海，这条航线从上海湾区高新区内的华东无人机基地出发，向金山核心城区扩展，逐步建立起立足上海市、覆盖华东地区的“3 公里 15 分钟达”低空智慧物流网络。无人机在飞行过程中，高度维持在 120 米以下，速度最快可达 20 米 / 秒，无人机还搭配特制的餐箱，确保餐品不会在飞行途中洒漏。

目前，顺丰、美团等企业已在深圳布局规模化低空无人机配送。截至 2022 年底，美团无人机于深圳的试运行航线已在 5 个商圈落地，航线覆盖 18 个社区和写字楼，配送商品涵盖餐饮、美妆、快消、商超、电子产品等多种类型。

2023 年 2 月 23 日，美团无人机团队的城市低空物流解决方案通过了中国民航局审定，并获颁《特定类无人机试运行批准函》和《通用航空企业经

美团无人机与 Manner 咖啡配送快闪店现场

营许可证》；同一时间，美团城市低空物流解决方案中的“塔台”——美团无人机深圳空中运行管理中心也首次对外亮相。该管理中心通过自研运行系统连接着远程机组、飞行器、机场以及空中交通规划控制模块等单元，借助先进的人工智能技术，可自主调度半径600公里内的无人机，理论上可同时完成每平方公里上千架飞机的调度工作。截至目前，无人机的平均订单配送时长约为12分钟，相较传统模式近30分钟的平均配送时间，效率提升近150%，并在去年为用户累计节省了近3万小时的等待时间。

总体来看，自动配送科技的应用，可以极大提高物资配送效率，保障居民的日常生活所需，减轻工作人员的工作量，并有效地解决“最后一公里”的配送难题。这类“硬科技”的创新和推广，未来将在补充城市运力、拓展运送场景上发挥更大价值，提升零售业的效率和便利性，助力零售业的高质量发展。

放眼更加多元的生活服务业，数字时代的身影已经无所不在。

首先是家政服务业。2022年5月，国家发展改革委、商务部等部门印发《促进家政服务业提质扩容2022年工作要点》，进一步促进家政行业职业化、规范化、标准化、品牌化、数字化、规模化发展，积极推进家政服务业向高质量方向转型升级。家政服务业的数字化重塑了行业流程和标准，在提高效率的同时，也让家政服务可视化打破了原本的信息不对称，促使服务质量不断提升。

58到家瞄准了传统家政服务常常面临的随机撮合痛点。58到家向平台商家免费提供服务管理平台“58智慧家政系统”，借助算法优势将派单距离缩短至3公里内，平均每个家政服务人员每天多接1单，至少每天多赚50块钱。为更好满足用户对于居家养老、育婴育幼等服务需求，58到家还通过经纪人网络模式，建立了保姆月嫂的全国简历库，坚持“一分钟跟进、一小时反馈、一天匹配阿姨、一周退款到账”的服务标准，消费者线上提交需求后，即有经纪人迅速反馈，1小时内可推荐至少3个合适的月嫂，服务不满意还可以随心退，解决了消费者的后顾之忧。

数字化平台的规模效应，降低了商家成本，提升了商家运营效率，切实让利于消费者。数字化家政服务的规范化和透明化，也提高了消费者对阿姨服务质量的信任，同时，也为劳动者提供了更多的就业机会。

与人们的居住相关的，还有长租公寓行业。随着我国年轻人居住需求越来越多样，用户对公寓管理方的产品和服务的需求也日趋精细化。过去一年，长租公寓的经营者也在加快数字化步伐，改造升级产品与服务，向更接地气、更加贴合年轻人需求的方向转变。

2022 年 11 月，锦江酒店（中国区）旗下首个高品质社交型中高端公寓品牌“憬黎公寓酒店（TULIP LODJ）”与阿里云达成合作，共同聚焦公寓领域，打造数字化创新居住体验。双方合作将重点打造 TULIP HELPS 一体化智能服务平台，通过该平台快速打通服务处理与数据中台，开启数字化服务新方式，增强场景化服务能力，实现公寓精准运营，提升服务效率及水平。借助 TULIP HELPS 小程序，公寓将为租客提供便利的数字生态体验：线上预约看房、体验服务到家、掌握空间主动权，为住客构建一站式便利服务在线平台，实现手续在线化、体验智能化、数据可视化。

在文旅行业，近几年国人旅游习惯的变化正在引发“智慧旅游”的新风口。在 2022 年 8 月的中国国际智能产业博览会上，许多明星产品登场：负责保护、研究和管理重庆大足区各类文物的大足石刻研究院带来的 GIS 可视化管控系

智慧旅游地图上的北京天坛导游界面

统，通过整合、对接视频监控、客流监测、停车场管理等多个系统，提高景区数据共享交换能力，实现大足石刻景区服务、管理等不同类型的业务协同。

科大讯飞带来的智慧城市大脑—全域旅游 APP，为游客打造了吃住行游购娱一站式伴游服务，可实现一图揽全城、一键划行程、一秒听导览，全程“朋友式”陪伴服务。腾讯文旅展示的“一机游武隆”平台，通过个性线路定制、达人推荐、智能定制、智能导览等功能，为游客在旅游信息获取、行程规划、产品预订、游记分享、特色电商购买等方面提供了一站式智能化服务……大数据智能化为旅游业创造了十分重要的发展机遇，智慧赋能打造旅游产业发展升级版，建设世界知名旅游目的地，正受到越来越多城市的关注。

进入 2023 年，社会流动带来的消费暖意逐渐释放：数据显示，2023 年春节假期，我国旅游出游 3.08 亿人次，同比增长 23.1%。1—2 月，我国服务消费复苏明显，餐饮收入同比上升 9.2%，商品零售同比增加 2.9%。

随着稳经济各项政策效应持续释放，生产生活秩序恢复常态，服务业经济活跃度持续提升，服务业将加速恢复。在可以预见的未来，智能化、信息化、数字化将继续助力服务行业不断升级，共赴一个更有希望的明天。

延伸阅读

智慧图书馆，让阅读便捷又有趣

“从来不敢想象一座图书馆能有这样的科技感，真是太酷了！”正倚靠在江西省图书馆阅读空间卡座上的小雯感慨道。她原本和朋友相约在图书馆自习，却不曾想智慧阅读体验竟如此炫酷新奇：智慧阅读 APP、AI 机器人、VR 阅读……

从建设之初，江西省图书馆新馆就集成了各种数字智能科技，包括图书馆大数据平台、图书馆服务数据智慧墙、智能书架、智能分拣等，为广大读者提供更便捷高效、更智慧化的公共文化服务。

这其中，成效最为突出，普通读者感受最为直接的，还要数

“无感借还”智慧流通服务：在办理了读者证、注册了人脸照片后，读者携带图书从专门通道进出图书馆，3 秒内即可完成借、还书，借还效率提升至传统图书自助借还机的 10 倍以上，大大降低了高峰期人工窗口的工作压力，彻底解决了原图书馆高峰期人工压力大、读者排队长的痛点。当然，这种便捷的借还方式的实现，离不开红外光幕技术、人脸生物识别技术、RFID 无线射频识别等技术的加持。

2022 年 10 月 1 日，江西省图书馆“无感借还”服务全新升级，通过改进通道业务流程，优化前端摄像头采集配置，读者借阅时间进一步缩减，体验得到极大提升。以“无感借还”为核心体验的智慧图书馆建设，让江西省图书馆成功入选文化和旅游部评选的“2022 年文化和旅游数字化创新实践十佳案例”。

这还不是这座图书馆唯一的“黑科技”。

走进图书馆一楼大厅，便能从高清智慧大屏中看到各类实时数据：如全天候报告入馆人数，图书借阅排行，智能资源推介等。这块可视化大屏是图书馆的数据中枢，可将借阅、人流、智能终端等数据可视化分析展示在读者和管理者面前，助力图书馆高效采集、治理和挖掘数据，让馆内 300 多万本书和 70 多万读者的画像全方位立体起来。

图书馆还安装 53 个 5G 客流监控摄像点，覆盖全部 6 个楼层和所有区域，实现无盲点实时客流量统计，使图书馆管理人员可实时统计监测各个区域的吸引率和繁忙度，从而对图书馆的功能区域和图书采购进行合理分布，有效解决了原馆仅通过大门的安检门计数存在的缺乏区域化与精准化数据等问题。

在数字化时代，承载着人类全部知识和文化精华的图书馆，正在不断地进化和发展。未来，随着科技的不断进步和社会需求的不断变化，更多更好的数字化服务将会涌现出来。

虚拟现实改造世界工厂，传统产业数智化加速

中国被称为最后一个“世界工厂”，这个工厂的数智转型，被视为中国经济社会高质量发展过程中不可缺失的一环。

2021 年 12 月，工信部、国家发展改革委等八部门联合印发《“十四五”智能制造发展规划》，进一步提出了推进智能制造的总体路径：立足制造本质，紧扣智能特征，以工艺、装备为核心，以数据为基础，依托制造单元、车间、工厂、供应链等载体，构建虚实融合、知识驱动、动态优化、安全高效、绿色低碳的智能制造系统，推动制造业实现数字化转型、网络化协同、智能化变革。

随着“中国制造 2025”战略不断落实，物联网、云计算、人工智能等新兴技术的大力推动，我国智能制造处于成长阶段，在此阶段绝大多数制造企业正从粗放管理转向精细化、高质量发展，同时智能制造领域也在迎来越来越多的利好政策。据相关机构测算，2022 年中国智能制造软件市场规模可达到 2610 亿元，智能制造装备市场规模则会超过 2.6 万亿元。前瞻产业研究院预计，未来几年我国智能制造行业将保持 15%左右的年均复合增速，到 2026 年，我国智能制造行业市场规模将达 5.8 万亿元左右，行业增长空间巨大。

近一年来，“数字孪生”、VR、AR 等人机交互技术广泛应用在设备管理、培训、巡点检、远超诊断等制造业环节。这些沉浸式交互方式，为制造业带来了一场革新。

目前，国家已将虚拟现实确立为新一代信息技术的重要前沿方向、数字

经济的重大前瞻领域，提出要大力推进关键技术融合创新、提升全产业链条供给能力、加速多行业多场景应用落地、加强产业公共服务平台建设，并构建融合应用标准体系。各个地方也相继出台了虚拟现实领域的相关政策或通知：2022 年 7 月，上海市政府发布《上海市培育“元宇宙”新赛道行动方案（2022—2025 年）》，提出到 2025 年，“元宇宙”相关产业规模达到 3500 亿元，支持元宇宙 + 工厂、医疗、文娱、办公等场景打造；9 月，河南省政府办公厅印发《河南省元宇宙产业发展行动计划（2022—2025 年）》，目标到 2025 年，全省元宇宙核心产业规模超过 300 亿元，带动相关产业规模超过 1000 亿元；武汉市则发布了《关于促进元宇宙产业创新发展实施方案（2022—2025 年）的通知》，力争到 2025 年，高水平建成 2 个以上元宇宙产业基地、3 个以上元宇宙重点平台，聚焦重点行业领域打造 50 个以上元宇宙典型应用场景和项目，培育引进 200 个以上元宇宙创新企业；等等。

观众在首钢园中关村科幻产业创新中心元宇宙科技概念展上体验 VR

“汽车组装流水线上，电光火石间，顶板被稳稳地安装在底座上，流水线外，电子屏上的数字孪生模拟画面，同步复刻了流水线上的生产流程；另一边，巡检工程师佩戴着AR眼镜，抬手在天空中比比划划，面前的大屏上便呈现出设备零件的模拟画面。”这段科幻作品式的描述，在位于浙江宁波的极氪智慧工厂已是日常：工程师佩戴AR眼镜，便可实现在数个车间之间来回穿梭，不仅可以检查设备的使用状态，当检查出问题时，还能将其中故障的部分单独生成虚拟画面，对其进行模拟剖析。这样一来，设备巡检时间被大大压缩，巡检所需的人力成本也大大降低。同时，工人在生产过程中遇到问题，也可以佩戴AR眼镜，与专家远程连线，专家以工人的第一视角观察情况，可以很快了解到问题症结所在，从而给出指导意见。不仅能够降低现场人员经验不足而产生的效率低下问题，还能节省专家往来产生的时间成本。

2022年，最让国人引以为豪的制造业成就，一定有“国产大飞机”C919。C919客机是我国首次按照国际通行适航标准自行研制、具有自主知识产权的喷气式干线客机，它的成功是我国大飞机事业发展的重要里程碑。2022年12月，C919大型客机首架机交付首家用户东方航空公司，迈出市场运营“第一步”。

而鲜为人知的是，在C919推向市场运营的前期关键适航取证环节，AR技术也出了大力：上海飞机设计研究院使用亮风台AR远程通讯与协作平台HiLeia进行多人多地多终端协作的远程目击试验和检查，其借助HiLeia高清视频流和AR空间标注等功能，从根本上解决了客户“去不了现场”和“控不住成本”两类痛点，为C919飞机远程目击试验和远程审查提供了重要技术支持，还降低了差旅频次和成本。

与此同时，制造业的智能化与绿色转型正齐头并进。

在2020年举行的第75届联合国大会上，中国首次提出了“双碳”目标：力争于2030年前达到峰值，努力争取2060年前实现碳中和。在低碳转型的大背景下，我国大量制造业企业正在利用大数据、人工智能和物联网技术，在智慧园区内实现无人、低碳的生产。

过去一年，中国的制造业企业喜讯连连：2022 年 2 月，世界上首条短流程“零碳工厂”钢铁生产示范产线在新疆巴音郭楞蒙古自治州和静县诞生，该产线由中国宝武集团旗下新疆八一钢铁有限公司投资建设，将通过使用光伏绿电和林业碳汇，实现产线的零碳排放；3 月，全球首家电池“零碳工厂”落户四川宜宾，这家由宁德时代投建的工厂获得了全球认证机构 SGS 颁发的 PAS2060 碳中和认证证书。2023 年 3 月，中国净水行业首个“六星零碳工厂”在浙江省沁园慈溪工厂正式揭牌。“零碳工厂评价规范”分四个等级，其中最高等级“六星零碳工厂”即在评价分数达到 100 分的前提下，工厂需在无碳抵消的同时实现零碳。凭借智能化、数字化及可再生能源利用等优势，沁园慈溪工厂在自主减排基础上，实现制造与运营中所使用的能源 100% 为绿色能源。此外，太阳能光伏企业隆基股份、长城汽车等企业也都宣布，将在 2023 年建成首个零碳工厂，并持续推广可再生能源的落地。

制造业的低碳转型，不仅体现在处于生产链条末端的工厂车间，也体现在维系工厂运转所用的各类能源上——能源企业的绿色智能转型，正在以一种意义更为深远的方式推动着中国制造业的可持续发展。2022 年 2 月，国家发展改革委、能源局印发的《关于完善能源绿色低碳转型体制机制和政策措施的意见》指出，要建立绿色低碳为导向的能源开发利用新机制。《意见》特别提出，要通过多种方式，支持化石能源企业绿色低碳转型。

在 2022 年初的北京冬奥会上，三大赛区 26 个场馆实现绿电供应。这些“绿电”，主要是河北张家口的光伏发电和风力发电，通过针对北京冬奥会的跨区域绿电交易机制，为冬奥场馆的“绿电”运行提供保障。“张北的风，点亮北京的灯”。“绿电”在北京冬奥会的全面使用，既释放了顶层的支持信号，也引领了全社会的清洁低碳转型风气，还为未来开展大规模绿色电力交易积累了宝贵的实践经验。“绿电”的高规格亮相，智能化柔性直流电网功不可没。

河北省张北县张北柔性直流电网试验示范工程中都换流站，工作人员正在进行室外工作

2022年，全国许多电厂如火如荼地展开了绿色智能转型。在浙江恒洋热电有限公司的主厂房内，新建成的一体化管控平台控制中心屏幕上，各个车间内的设备运行情况在电子屏幕上一目了然。工人在车间巡检过程中发现的问题可实时传送到系统平台中，第一时间快速解决问题。该电厂通过实时数据采集对主设备安全性、经济性、健康度及自动化投入率进行实时评价，利用互联网、大数据分析、云计算等信息化技术，对电厂系统和数据进行深入挖掘，最终达到更安全、更高效、用人更少、更绿色、更盈利的智能化生产运营，全面提升电厂的生产技术和经营管理水平，提高企业经济效益。

云计算、移动互联网、大数据、区块链、5G技术融合发展，正改变能源的生产、运行、传输模式，通过数字化赋能，能源企业正在大幅提升管理效率和生产效率，促进绿色低碳转型。

此外，制造业企业的供应链数字化也在加速进行。2022年5月，国务院办公厅通过了《“十四五”现代物流发展规划》，其中提出要以数字化、网络化、智慧化为牵引，深化现代物流与制造、贸易、信息等融合创新发展，推动形成需求牵引供给、供给创造需求的良性互动和更高水平动态平衡。到2025年，要基本建成供需适配、内外联通、安全高效、智慧绿色的现代物流体系。

2022年11月24日，全球产业链供应链数字经济大会在深圳召开。会上，许多企业都带来了对数智时代的思考，以及在供应链数字化上的种种创新实践。

其中，中兴通讯向人们展现了通信电子企业的数字化供应链的一个范本。作为一家本身有着很强的科技基因的企业，中兴通讯很早就开启了数字化经营的探索。在供应链计划方面，中兴通讯打造了供应链最强大脑，通过模拟、预测、追踪实现客户需求实时感知、智能决策、供需平衡、实时可视；在物流方面，通过货运中台实现货运全场景的可视、可追溯、可预警；在仓储方面，通过立库的堆垛机和多层穿梭车实现货物的入库、存储、拣选、出库等全自动化的操作，物料可按照订单实现自动存储，按照生产需求自动配送到车间……目前，中兴通讯的物流线路覆盖全球各大洲，全年产品发货量超过100万立方米。2022年9月，中兴通讯入选了商务部评选的“全国供应链创新与应用示范企业”。

美的集团则以“数字化落地＋数字工厂建设”能力为底座，围绕订单交付主链条，通过对营销、计划、采购、生产、物流、质量等多领域的拉通协同及诊断，实现了供应链管理的转型升级，需求预测能力提升35%、运营周期减少55%、订单满足率提高17%。美的还通过总结提炼出一系列泛制造业供应链端到端经营痛点及改善举措，打造了“美云智数”供应链数字化管理解决方案，帮助企业客户融合数字化能力，为供应链管理降本提效。

对于制造业企业而言，供应链的数字化可以帮助企业提高效率、降低成本、增加透明度、加强风险管理和提升客户满意度，从而实现持续发展和竞争优势。眼下，越来越多的企业正在利用大数据、云计算和AI等先进技术，对供应链管理中产生的数据进行即时收集、分析、反馈、预测与协同。

数字技术的协作、创新和投资是在工业 4.0 时代取得成功的关键，也为企业提供了提高效率、降低成本和增强客户体验的重要机会。未来，我国制造业企业仍需结合自身需要，有针对性地推进转型，实现可持续发展。

延伸阅读

鄂尔多斯：数字化让矿区成为“无人区”

三个显示屏显示了全景路况，在他面前是模拟汽车车内操控的方向盘和档把，26 岁秦东的工作场景在外人看来更像是电竞赛车手，但实际上他是一名矿卡车司机。现在，他只需在办公室里看着屏幕，就能同时监控 5 台矿车运矿。这科幻般的场景，离不开采矿行业的数字化转型。

内蒙古自治区西南部的鄂尔多斯，煤炭年产量占全国 1/6。在这里，大大小小的煤矿星罗棋布，大多数为露天煤矿。在这种露天矿山，通常一台挖掘机需要搭配 4—8 台矿卡，作业任务量大时，每天“两班倒”，对矿卡司机的需求量大、要求高。而与日常看到的卡车不同，矿卡的体积和自重更大，有些重载矿卡甚至高达 10 米，装载重量超过百吨，需要专业技术才能妥善操作。更别说到了冬季，平均温度在零下 15℃，路面结了冰，司机更难控制住矿车的重心，会遇到车轮打滑的危险；在极端天气里，矿山甚至可能出现山体滑坡等事故。此外，司机长期工作在灰土弥漫的环境下，身体健康也会受到很大的威胁。

场景封闭、路线固定的露天矿区是行业公认的适合无人驾驶落地的场景，但在现实当中，矿区的无人化并没有想象中那么容易实现。2018 年 10 月成立的三一智矿，是中国工程机械龙头三一集团的子公司，主攻智慧矿山业务，无人驾驶就是其中最重要的一环。两年前，三一智矿开始在鄂尔多斯的潮脑梁煤矿进行无人矿车的改造。但由于当时还面临一些技术局限，矿车时不时需要人工接管，司机得每天跟车颠簸 12 个小时，还是无法退出危险作业现场。

而现在，在云服务商的技术加持下，情况有了很大改善：三一智矿的潮脑梁煤矿项目，目前已经可以实现 30%抗“丢包”、接近 100 毫秒超低时延，可以最大程度降低画面时延、保证数据传输的稳定性，这给对自动驾驶车辆进行远程监控和接管创造了条件。据三一智矿董事长马巍透露，目前在潮脑梁煤矿，矿用卡车的无人驾驶运输效率达到人工效率的 80%以上；而随着技术不断迭代，无人运营效率能很快与人工持平，五年之内甚至可以超越人工 20%，成本也能比传统运营降低 30%。截至 2022 年 8 月底，三一智矿投入使用的 40 台矿车，累计实现无人驾驶商业化运行里程超过 15 万公里，累计运营土方量超过 95 万立方米。

在鄂尔多斯投产的 5G 无人驾驶新能源矿用车项目

■专家观点

数字经济赋能视角下生活服务业小微商户生存发展研究

胡　湛

美团公共事务总监

近年来，数字经济新业态在缓解新冠疫情负面影响、维护社会稳定、助推经济发展方面发挥了多维度积极作用。依托科学的政策指引、超大规模国内市场和活跃的创业创新生态，我国数字经济持续展现出稳定活力，通过创新深入改变了社会生活的方方面面。当前，数字消费尤其是线上线下融合的生活服务业数字消费已经成为促进国内需求加快恢复、持续扩大的重要力量。2020 年初新冠肺炎疫情发生以来，各类线下传统小店受到疫情间歇性、局部性影响，面临经营困难。与此同时，平台经济的数字化产业赋能，通过提供信息化的大规模链接、大数据供需匹配、减少信息不对称，客观上增强了小微商户经营韧性，为广大就业弱势人群提供了更广阔的就业、交易、经营机会，对社会稳就业、保民生发挥了积极作用。着力发展数字经济，既是把握新一轮科技革命和产业变革新机遇的战略选择，也是积极推动平台与商户和谐共生，改善广大中小微企业生存发展状况的重要方向。

一、生活服务业消费受影响严重，细分行业出现分化

（一）疫情不确定性影响依然存在，生活服务业消费与供给持续波动

2022年，外部环境更趋复杂严峻，国内疫情也呈现点多、面广、频发的特点，对经济运行的冲击加大。国家统计局数据显示，2022年4月，在多地散发新冠疫情、输入型通胀等因素冲击下，社会消费品零售总额29483亿元，同比下降11.1%、环比下降超过5%。其中按消费类型分，餐饮类受创严重，今年1—4月，餐饮收入1.32万亿多元，同比下降5.1%，其中4月份餐饮收入2609亿元，同比下降22.7%。根据美团研究院调查数据，美团平台上一季度线上生活服务消费增速同样呈现先升后降。

从一季度整体看，生活服务供给商户活跃数量在稳定增长中体现增速回落趋势。美团研究院调查固定区域商户的数据显示，2022年一季度医美、洗浴、健身、宠物等到店综合消费行业及住宿业、旅游业、餐饮业（包括堂食和外卖）每日活跃商户的平均数量均有稳定增长，表明商户供给侧依然保持一定韧性和活力。尽管如此，受新冠疫情防控形势更为严峻的影响，3月平台活跃商户数量增速与2月相比出现明显下滑，一季度日均线上活跃商户数量也低于2021年四季度均值。

（二）餐饮、住宿等行业集中受到冲击

餐饮业到家和到店场景消费出现分化。美团调查数据显示，2022年，新冠疫情对长春、上海、深圳等63个城市的餐饮业冲击较为明显，这些地区正常营业的商户数、商户日均订单数、商户日均营业收入总体上呈现明显下降趋势，一些城市小微商户订单数量、营业收入降幅甚至在80%—90%。全国整体上看，到店堂食餐饮消费出现明显下滑，交易额同步下降近四成，与餐饮外卖产生显著分化。在无接触配送技术的助力下，配送到家的餐饮外卖消费服务能够较好地兼顾疫情防范和居民刚需消费之间的平衡，体现出一

定韧性，订单数量基本保持稳定。此外，旅游、住宿、到店综合消费等行业线上交易额也出现了负增长。

（三）生活服务业小微商户支撑的海量就业岗位面临较大挑战

近年来，生活服务业催生了外卖运营师、线上门店装修师、消费体验官、外卖骑手、剧本杀演员、各类体验教练等70余种新兴职业，这些新职业大多具有单位时间薪酬不菲、工作时间灵活、岗位数量增长迅速等特点，受到大量年轻人欢迎，也构成了减轻就业压力的重要缓冲地带。受各类小微商户整体经营状况波动影响，这些灵活就业的岗位所发挥的“蓄水池”功能也受到一定制约。以平台餐饮外卖配送员为例，2022年以来，在全国范围内，疫情影响美团骑手正常工作的城市超过140个，在商户订单大幅下滑、核酸检测资源紧张、封控区域保供渠道不稳定等因素影响下，不少地区2022年4月日均活跃骑手数量与3月相比出现了明显下降，小部分城市降幅达到80%以上。随着疫情防控在二季度持续推进，生活服务业小微商户在稳定就业中的支撑作用面临更大挑战。

（四）小微商户盈利困难急需维持现金流

生活服务行业经营利润率普遍较低，餐饮业商户利润率一般在10%以内。我国餐饮连锁率仅为18%（美国约50%），海量的餐饮小微商户比大型连锁企业承受更大现金流压力。中国烹饪协会《2021年中国餐饮大数据白皮书》显示，2021年全国餐饮门店数量虽创历史新高，达到930万家，但增速显著放缓，疫情后两年平均增长率1.34%，而2018年度和2019年度同比增速分别为13.5%和37.9%。同时，根据中烹协《2021年中国餐饮市场分析及2022年市场前景预测报告》，虽然门店数量持续增加，但餐饮业整体收入却比2019年下降1.1%，2019—2021年呈下降态势。这个情况直观地反映了———更多的餐饮商户获取了更少的总收入：即便有大量新市场主体涌入，但餐饮市场整体活跃程度尚未恢复到疫情发生前的水平，消费持续疲软让商家们面临更大盈利压力和更为激烈的行业竞争，其中小微商户面临的挑战无疑更为艰难。行业低毛利特性，也与生活服务类的互联网平台盈利状况类似。据美团 2021 年度财报推算，美团外卖从每单 40 多元的交易额中获利不足 0.43 元，占比低于 1%。因此，平台与商户共同的核心诉求，都集中在了如何提高增量、做大“蛋糕”上。

二、以平台为代表的数字经济与生活服务业小微商户建立了天然依存关系

（一）对外“赋能”是平台的自然功能和生存模式

互联网平台的重要价值在于聚集和联结供给需求两方面资源，提供精准高效的居间服务。梅特卡夫定律提出，一个网络的价值，会随着网络内节点用户数量呈指数倍提升。传统企业通过在一个行业深耕，建立技术壁垒，形成成本优势，聚焦专业化经营，稳定获取差价利润。平台自身并不生产，而是通过整合数据、流量等资源，以优化供给，满足更多元化、异质性的需求。在技术变革、信息透明带来更激烈竞争的市场环境中，平台必须坚持持续建设更经济的生态，不断增强商户的黏性和互动密度，从而降低经营成本，提升自身价值。从根本上来说，平台与商户利益高度依存，商户获益多、成长快，平台的市场价值也就越高；平台对商户赋能的形式越多样、介入的程度越深入、参与的范围越广泛，商户的价值和发展空间也就更大。反之，一个平台如果弱化生态服务功能，无法在规模增长和模式创新方面提供赋能，甚至进入“收割”逻辑，则很容易迅速失去生态主导权和市场竞争力。

（二）平台与服务领域产业链建立长效共生共荣关系

经济学家熊彼特提出了破坏式创新的概念，认为创新就是对生产要素的重组，即“建立一种新的生产函数”，其目的是获取潜在的利润。从一般意义上来说，数字经济的发展能够带来商业模式创新，同时也伴随着对分配的

重构，影响传统利益格局。例如，随着电商交易的繁荣，实体商场超市人流显著降低。而生活服务业具有面对面线下履约的基本特征，平台对其数字化赋能只能与线下场景紧密结合。与先行者的“颠覆”不同，生活服务类电商更多是对实体经济的同向融合和助力。因此，生活服务类平台企业的发展只能在商户原有服务模式基础上拓展业务范围、丰富服务内容，为传统商户争取增量红利，却永远无法通过平台自身网络技术，重新构建一张涵盖餐饮、理发、健身等服务的网络。这种线上线下的一体化融合发展，不会天然产生“破坏式创新”对传统产业形成冲击，反而从一诞生，就决定了平台必须与线下商户形成利益共生共享的发展轨迹。

（三）平台可对生活服务业小微商户实现多种具体形式的赋能

生活服务业小微商户分布广泛、数量众多，普遍具有经营规模小、生存周期短、辐射范围小等特征，数字化渗透、覆盖程度都偏低，靠其自身力量完成数字化升级难度很大。而平台对此类小微商户能够规模化提供的数字化赋能包括：一是流量支持。平台能够利用流量、数据资源，为广大小微商户提供更精准的营销服务，帮助商户获得客户资源，解决线下场景物理局限、信息不通畅、营销成本高等问题，实现“酒香不怕巷子深”。二是技术支持。企业技术研发具有高风险、高成本特点，互联网信息技术既需要孕育实现前沿的现实功能，还需要具备与生态伙伴紧密互补的定位，让小微商户也能以低成本分享大规模投入的技术研发红利。三是金融支持。长期以来，小微商户存在资金缺口大、信用度低、融资难等问题，平台通过对商户线下经营活动的全方面服务，有条件通过数据积累描绘更为精准的市场主体信用画像，打破信息不对称，帮助小微商户更便利地获取有效的资金支持。四是解决方案支持。小微商户的经营能力拓展，有赖于平台通过数字化方式整合生态型设施资源。例如，配送平台搭建的高时效、低成本的即时配送网络，降低人力成本、提高经营效率的数字化点菜、收单结算系统，以及电影、演出的线上选座预订系统等。这种生态化的解决方案服务，也正在不断进行全链条化的延伸，以通过更细致全面的支持，增加商户黏性。

（四）服务好小微商户就要加强产业端数字化改造

互联网平台的发展使命和阶段性特征，离不开时代背景和现实条件。我国平台经济与美国起步时间不同，生长土壤各异，一定程度上决定了先消费端后产业端的数字化顺序。美国互联网平台起步于20世纪90年代中期，大量供给侧产业链有着丰富的中后端组织，这些企业经过长期市场化竞争，格局稳定、发展成熟，与用户消费端一样有着强烈的数字化改造需求。我国电商平台起步于2000年前后，很多产业尤其是供给侧中后端，还未经过长时间的演化发展，这个阶段的数字化发展更容易在用户消费端显著发力。比如一些崭新的服装品牌能在平台上迅速爆红，但其背后传统、相对单薄的产业链却没有迅速数字化的需求和可能。美国平台经济发展是一种基于成熟市场体系的“存量升级”，多在产业端消费端同步缓慢发力。我国平台经济更多依托技术革新和市场红利实现“增量发展”，势必要在跨越发展中重新与产业端衔接。

生活服务业线上化是将最具烟火气的产业端数字化。平台无法只依靠流量就直接催生大量“增量商户”，只能对极传统的、分工极细的餐饮、理发、洗浴等实体产业进行数字化改造，帮助商户改善线下服务、降低营业成本、拓展经营范围。平台与商户的合作模式不是收取固定的市场“入场费”“摊位费”，甚至也不主要依赖互联网平台典型的“广告费”。平台收入与商户实实在在的收入直接挂钩，只有商户实现了更多的盈利，平台才有可能获取利润。在疫情等负外部性影响下，这种同向而行的赋能，为广大商户增强了经营韧性，提升了对抗风险能力，即使充满烟火气，也是激励互联网平台大有作为的星辰大海。

三、平台企业应积极作为，支持广大小微商户克服困难

高质量发展阶段，社会各界对互联网平台的期待，不仅是完成交易活动

的“平台场所”和达成商业目标的“平台企业”，而且应当是能彰显社会责任、承担生态治理义务、服务小微商户等利益相关方的“平台生态”“平台经济”。

（一）对商户透明收费，帮商户算好账

商户依托平台线上虚拟门店和线下地面运营的服务支持，丰富了服务场景，拓展了辐射范围。其中很重要的一个因素，就是供需信息的透明度，提高了中小微商户经营的数字化、数据化水平，提升了营销和运营的精准性。那么各种平台服务的实际成本、预期收益，也应当以更加精准清晰的数据形式，成为商户经营决策的重要依据。平台有责任对各类收费尽可能透明地进行拆分、公示、管理，因为只有在各类费用、标准透明化拆分选择基础上，商户才能更准确地衡量上线外卖带来的增量业务的实际成本和收益。例如，在餐饮外卖服务中，线上平台系统开发运营、地面商务人员日常服务、后台金融结算等成本属于平台的技术服务费用，而消费者下单后，平台骑手帮助商户配送餐品的成本，应当属于线下履约的配送费用。自 2021 年起，美团推进费率透明化改革，将原来打包式抽佣拆分为技术服务费（6%左右的佣金）和配送费（根据订单距离、商品价值、特殊天气等因素综合计算）。通过改革，对低客单价、近距离订单减少收费，让更多小成本、近距离经营的小微商户直接受益。

（二）加强商户沟通互助，提升平台生态服务水平

平台经济的数字化赋能，不应是虚拟时间的空中楼阁，应是广大商户实际分享的数字时代红利。相当一部分商户特别是其中的小微商户，缺乏对互联网技术的了解和有关产品工具的应用能力，对线上各类操作便捷性有更高要求；不同经营特色的商户，时常需要差异化的线上运营和曝光策略；繁忙之余，很多商户非常希望依托数字化改造，获取更多经营过程中产生的数据，更准确地判断自己利弊得失，挖掘潜在客户；还有不少商户希望平台从经营实际需求角度，改进服务规则，提升服务能力。这些都更需要平台扁平

化、贴身式的对接倾听，把数据分析、技术改造等能力复用、下沉到商户身边。2022 年美团正式发起的商户专项“繁盛计划”，通过 200 多场线下商户恳谈会，当面集中听取商户需求，对新店、小微商户开展分层专项帮扶，通过规则评议会、产品体验团等让更多商户参与规则制定。美团还计划将业务覆盖的 2800 多个县细分为 1.5 万个“服务区”，每个“服务区”都发挥本地团队数据分析、履约保障能力，因地制宜服务好周边商户。

（三）在抗疫保供中，支持小微商户更好发挥作用

疫情不仅是限制小微商户经营活动的负面因素，而且对用户基本生活保障构成严重威胁。各类电商平台作为受疫情影响严重地区的重点保供企业，应当制定好抗疫保供应急方案，积极配合政府部门协调小微商户发挥作用，保障疫情防控应急物资和民生保障商品供应。针对供需失衡容易导致涨价的问题，美团通过大数据技术，动态监测配送费、生鲜商品价格波动和收费不合理情况，指导商户合规经营、行稳致远。在上海抗疫中，面对社区餐饮需求缺口，美团发挥平台业务优势，组织广大商户推出“社区团餐”，为超过 500 万市民送去了团餐，也为广大停止堂食的餐饮商户带去了外卖订单。平台还应当配合好政府部门积极克服各地通行管制、人力不足导致的物流压力。在疫情严重地区，美团探索上线社区集单配送服务，推广无接触配送，并从其他区域紧急调集配送人员和最新式无人配送车，保障物流链条，为所有商户和消费者维系好稳定市场秩序的纽带。

四、打造数字经济时代治理体系治理能力现代化新样板，助推小微商户持续繁荣

近年来，我国平台经济迅速发展，离不开政府部门的研判指导，离不开相关政策的稳健保障。当前，社会经济发展面临复杂的内外部环境，广大生活服务业小微商户和平台也将面临更多新的挑战，需要政府部门审时度势加

强制度供给，提供更多针对性的公共服务，促进平台更好发挥规模效应和网络效应，帮助广大小微商户更好生存发展。

（一）推动准入环节改革，帮助商户便捷高效营业

当前，各地存在大量经登记备案的“小餐饮”商户，在平台内交易额大概占 1/3 以上。虽然，《中共中央、国务院关于深化改革加强食品安全工作的意见》和《网络餐饮服务食品安全监督管理办法》等文件都明确了“线上线下一致”管理原则，具备实体店经营场所和资质的小餐饮商户可以依法入网经营，但仍有少部分地区设置了不合理的限制门槛，有必要统筹指导地方政府落实餐饮行业“放管服”改革，推动这些地方修改、删除规范性文件中对登记备案的小餐饮商户不合理限制入网经营的条款，推动线上线下一体化管理标准，让线下普遍存在的小餐饮商户便利入网经营、规范转型升级，使小餐饮商户充分分享互联网经济带来的红利。进一步拓宽市场主体准入的有效渠道，探索各地市场监管部门与平台合作开通 APP“线上办证”，大幅简化有关流程，为商户办证经营提供便利。

（二）落实小微商户纾困政策，共同助力稳增长稳就业

参考 2020 年疫情后各地促消费成功经验，各地政府部门应根据中央和地方财政支持计划，通过消费券等形式定向支持小微商户发展。充分利用平台优势，精准识别、定向投放满减类消费券，撬动居民消费，带动商户获取更多订单，同时对消费券发放、监测、核销全流程进行数字化透明管理。依托平台上小微商户经营数据，进行市场化信用画像评级，对疫情严重地区经营严重困难的商户，提供小额担保贷款或无息贷款，对因疫情无法到期还款的贷款进行展期。扩大社会保险费暂缓缴纳措施实施范围至更多行业，适时延长政策执行期限，对小微企业、个体工商户实施免缴一定期限的社会保险费。对就业群体规模较大的平台，可根据就业时间或劳动收入情况给予稳岗补贴，帮助平台建设稳定的配送队伍。在受疫情影响严重的管控地区，重视

实施物资、生活保障的市场化方案，树立保配送就是保商户、保行业、保供应的理念，切实保障配送便利通行。

（三）尊重市场规律，重视发挥平台资源配置作用

处理好政府和市场的关系，就是要使市场在资源配置中起决定性作用和更好发挥政府作用。平台经营环境是商户在线上发展获取增量红利的另一个营商环境。政府部门指导维护好这一营商环境，首先离不开市场化的方向和市场机制作用的充分发挥，政府部门应引导鼓励平台企业多想办法提升对小微商户服务水平，针对性地反馈、解决制约小微商户发展的现实困难，创新思路为商户提供更多数字化降本增效举措。按照法治化要求，树立法治化思维，推动平台合理确定收费标准，规范收费活动，简化准入流程，深入开展平台内合规治理，加大力度打击代运营、刷单炒信等中间灰黑色产业链、恶意职业索赔等问题，压缩职业索赔牟利空间，维护小微商户合法权益。秉持开放化的大方向，减少平台之间的不合理封锁，促进平台经济的良性发展，为广大小微商户提供充分自由的选择空间，促进各类要素充分流动、交叉赋能。

（四）推动生活服务业商户线上化数字化进程

政府部门应推动重点行业、重点领域的数字化试点示范。如在旅游业，通过 AR、VR、AI 等对景区进行数字化、智能化、沉浸式改造，提升景区内小微商户的智慧化服务能力。选择一批经营基础好、技术接受程度高的商圈、步行街等，打造数字化转型试验区 / 示范区，通过试点示范带动生活服务业商户的数字化转型。为生活服务企业提供数字化转型的资金支持，对数字化转型程度高、效果好的企业和商户，参照技术先进型服务企业给予税收优惠。加快培育数字化复合型人才，满足小微商户发展需求，整合各类职业教育培训资源，依托平台、职业教育学校、社区培训等，提高服务业从业人员的数字化意识和技能。

（五）完善数字化新型基础设施建设

更有效发挥数字经济积极作用的重要前提，就是加快新型基础设施建设，逐步推动政府依托数据提供公共服务。目前，政府和社会数据碎片化现象较为严重，数据壁垒造成的“信息孤岛”现象仍然存在，导致数据利用效率不高。政府部门应通过不断完善大数据顶层设计，建设数据共享基础设施，完善数据标准，推动大数据向市场主体、社会各界开放共享。加快建设服务业数字化智能服务终端，有序开放社区、学校、医院、养老机构、景区等公共区域的空间资源，合理规划，创新金融方式，鼓励各类市场主体参与智能取餐柜、智能外卖柜等服务终端建设，助力无接触配送在全国的推广和落地，形成更加多元丰富的线下履约服务场景。

年度热词

双主场： 餐饮业线上线下“双主场”是指餐饮企业通过线上渠道和线下实体店两种方式进行运营和销售，形成线上线下互动和互补的模式。线上渠道包括餐饮 APP、微信小程序、网站等，线下实体店则是传统的餐厅、餐馆、咖啡厅等实体店铺。双主场模式可以帮助餐饮商家增加销售渠道、提高品牌影响力、优化运营成本。2022 年末以来，随着行业稳步回暖，线上线下“双主场”有望实现双增长。

智慧选址： 通常指在商业或房地产行业中，利用数据和分析技术来决定最佳的物理位置或场所。这通常包括考虑人流量、竞争对手、交通便利性、周边设施、人口统计数据等因素，以便确定最佳的商业或房地产投资地点。智慧选址的目的是为了提高商业或房地产投资的成功率和收益率，同时降低风险和成本。

无人矿场： 是一种基于自动化和无人化技术的矿业生产方式，通过使用自动化设备和智能化系统等技术手段，实现对矿山开采、矿石选矿、矿石输送、尾矿处理等全过程的无人化控制和管理。相比传统的人力开采和矿山生产方式，无人矿场具有生产效率和质量更高、人力成本和风险更低、环境污染和能耗更少等优势。

无人配送： 是指利用自动化技术，使货物或商品在没有人类干预的情况下完成配送的过程。这种配送方式一般采用无人机、自动驾驶车辆、机器人等无人化设备进行实现，可以减少人力成本、提高配送效率和准确度，并且可以在一定程度上降低交通拥堵和碳排放。目前，无人配送在一些物流、快递和零售企业中得到了广泛的应用和推广。

新职业篇

数字经济促民生，多元择业刷新想象

这一年来，“稳就业、保民生”是各级政府的工作重点：面对内外挑战，中国出台了一系列强有力的措施稳定就业，突出做好就业工作，全力稳定就业大局。

“数字职业”成为被社会各界关注的对象。如今，“数据库运行管理员”“数字孪生应用技术员”等数字职业已经广泛存在于社会生产、流通、分配及消费的各个环节，影响着我们的生产、生活和治理方式。

除了与数字技术直接相关的新职业，小众爱好、新的风口也能催生许多种让人意想不到的职业路径，满足着人们变化的消费和生活需求。借助互联网平台，不论是刚步入社会的年轻人，还是已经有多年工作经验的职场人士，都能够更加便捷地触达自己的客户群体。这让他们有更多的勇气去选择一条前人未曾走过的职业道路，并创造出“宠物减肥”“物品收纳”等新的行业，让人们可以获得的生活服务更加丰富。

与此同时，职业培训的数字化升级、职业标准的逐步完善，也给这些新职业创造了持续健康发展的土壤。在政府、学校、企业的共同推动下，我国的数字化人才培养的质量不断提升、资源不断完善，越来越多的复合型数字化人才成为数字社会的新鲜血液，推动中国经济的高质量发展。

新职业的发展离不开相关政策的保驾护航。从顶层设计来看，产业激励政策、劳动权益保障、完善职业培训多措并举，正是稳就业、保民生的关键所在。

近年来，灵活用工人群的权益保障获得了社会各界越来越多的关注。习近平总书记在二十大报告中提出，要“完善促进创业带动就业的保障制度，支持和规范发展新就业形态。健全劳动法律法规，完善劳动关系协商协调机制，完善劳动者权益保障制度，加强灵活就业和新就业形态劳动者权益保障”。这意味着，针对灵活用工的业态，重新设计保障、用工体系，并持续提高保障水平，势在必行。2022年，社会各界加快了对接职业伤害保障险的落地工作，向提升灵活就业群体保障水平前进了一步；作为一件仍在推进中的社会议题，新职业群体的良好发展，仍有待社会各界的共同监督和努力。

数字岗位创造经济新动能，政策配套为新职业保驾护航

“原来送外卖的时候最担心下雨，现在在‘云端’就能‘预知’一切。”

李浩洋是一名美团的自动配送车云控安全员，之前也干过骑手，后来经过层层选拔筛选和培训考核转型到现在的岗位。这个岗位的核心工作内容，是在自动车遇到无法自主应对的情况时，对车辆进行远程操控，比如绕开行人与动物。在云端，他们甚至可以应对和处理全国范围内自动配送车出现的情况。

李浩洋的实际工作场景，像在驾驶一架模拟机，“不管是发布任务、验车调试，还是运营监控，只需要坐在操控室进行远程操作就可以”。

这个新兴职业，又有两个细分岗位：“近场安全员”负责在自动配送车进行公开道路测试时，收集公开道路的相关测试场景以及自动车的测试表现，便于不断提升自动驾驶技术；“云端安全员”则是当自动配送车遇到系统无法处理的突发紧急状况时及时接管车辆，帮助车辆脱困，同时，云端安全员也要及时对相关的公开道路场景和测试数据进行标定，为后期不断提升自动驾驶技术提供资源。

这两年，无接触场景对自动配送车提出了需求，许多城市已经落地了自动配送车业务，一些地方的大学校园、城市公园也有了外卖自动配送车。无人配送业务的逐步发展，让自动配送车云控安全员有了更多施展才能的空间。

2022 年 9 月，人社部正式发布《中华人民共和国职业分类大典（2022 年版）》。与 2015 年版大典相比，新版大典净增了 158 个新职业，总职业数达到 1639 个。与往年不同的是，这一版《职业大典》首次标注了 97 个“数

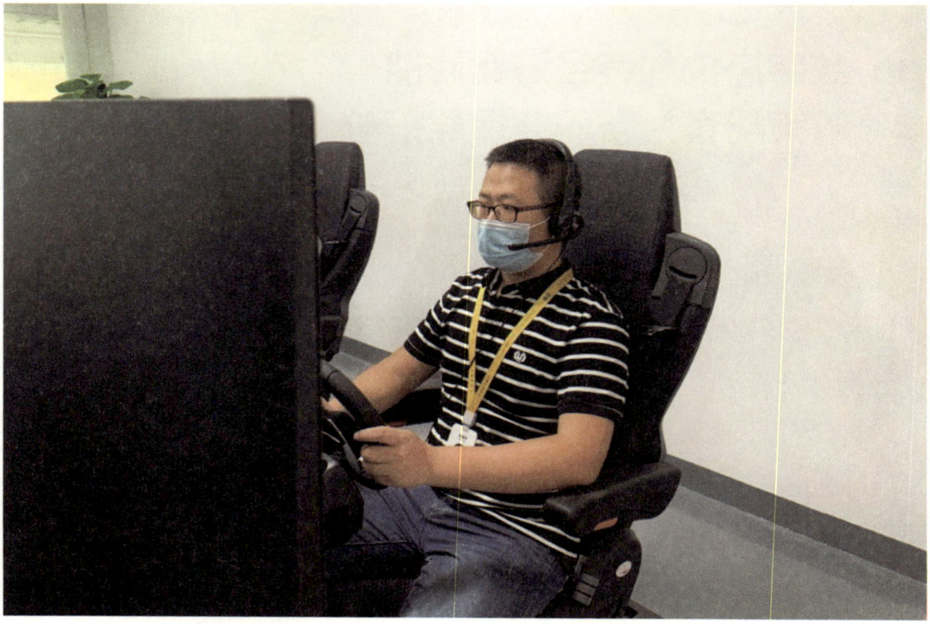

美团自动配送车云控安全员

字职业”，占职业总数的6%，其中包括“数据库运行管理员”“数字孪生应用技术员”等。如今，数字职业已经广泛存在于社会生产、流通、分配及消费的各个环节，影响着我们的生产、生活和治理方式。

在上海高仙自动化科技发展有限公司担任工程师的张伟义，便是这场变革的亲历者。在最新的《职业大典》中，张伟义的工作有了正式的名字：机器人工程技术人员。

张伟义主要研究自主移动机器人的有关技术，包括自主感知、自主导航、自主定位等，让机器人通过摄像头、激光雷达等传感器区分障碍物、行人，锁定垃圾，去自主进行清扫。要让机器人实现这些功能，需要大量现场调试：“我们会去收集反馈现场使用的情况，功能到底是否实用，哪些需要改进，哪些需要优化，就是这么一个迭代的过程，让机器的智能性不断提升。”

在重庆两江新区马上消费金融股份有限公司的办公室里，“数字化解决方案设计师”赵阔利用智慧养殖大数据平台就可以了解数公里外一家养鸡场的实时生产情况。数字化解决方案设计师是从事产业数字化需求分析与挖掘、数字化解决方案制订、项目实施与运营技术支撑等工作的人员，他们利用数字化视角为企业规划业务。

这是一个综合性的职业。赵阔介绍，在前期了解需求的过程中，设计师需要引导客户明确自身需求，自己也要深入企业进行调研；在产品制作中，他们需要形成技术文档，与研发工程师进行沟通；在项目上线后，他们也会跟进客户的使用情况并逐步迭代。因此，对从业者来说，除了需要扎实的计算机基础，还要掌握一定的设计审美、经济管理和法律法规知识。2022 年 6 月，数字化解决方案设计师作为数字新职业被纳入《职业大典》。

赵阔参与设计的大数据平台，能够准确计量每只鸡的重量，监测鸡的健康指标以及鸡舍的环境、温度、湿度等，让农户对鸡舍情况了然于心。透过系统记录的数据，平台会实时调整喂养策略，控制养殖成本。近 7 年的工作时间里，赵阔已完成千余个功能页面设计与上线交付，帮助一批金融、农业、汽车等行业企业拥抱数字化。

一同新增至 2022 年《职业大典》的，还有“人工智能训练师”。这些年，AI 机器人在电商服务、票务出行、健康问诊、生活购物等领域展现了高效的服务能力，这都离不开人工智能训练师在背后的付出和努力。随着 AI 服务的行业领域越来越多，智能服务市场将进入快速增长期，具备数据构建方面高水平能力的人才（积累领域数据、提升数据标注效率等）将逐渐成为 AI 公司的一种竞争优势，而人工智能训练师是满足这种能力需求的中坚力量。

从 1999 年首次颁布国家职业分类大典到现在，20 多年间，职业分类大典的变化从一个侧面折射出我国经济社会的发展与进步。新职业正是新技术、新趋势、新需求的最直接反映，是观察我国经济发展新动向的一个风向标。

当数字新职业为经济注入新活力，新职业的保障与可持续发展问题也得到全社会更广泛的关注。

2021 年，人社部公布了 10 个新职业的国家职业标准，组织编写了相关培训教程。国家层面对新职业的确认，有利于促使全国高校、职业院校开设相应的课程，提升数字技术从业者的数量和素养。职业标准制定后，就能进行职业技能等级认定，享受相应的人才政策，从而促进行业的健康发展。例如，北京、上海、天津、深圳等地已在工程系列里增设了人工智能等职称评审专业。

新职业的标准，很多来自社会一线的实践。以美团对“自动配送车安全员”的标准为例：安全员须持有C类以上驾照，拥有三年以上驾龄、大专以上学历，在正式上岗前，还要经历非常严格和复杂的培训和考试，包括与自动车有关的各项流程、知识、操作等；考核通过后，才能进入实操学习阶段，从封闭场地到半公开道路，分为多个阶段，全部学完、通过考试后才能上岗。2022年7月，美团与中国汽车工程学会联合发布了《自动配送车从业人员能力要求》团体标准，与中国航空学会联合发布《无人机城市低空物流操作规程》团体标准，有效规范了从业人员的能力要求。

新增至《职业大典》的“网络货运员”也迎来了专业化和制度化。网络货运员是指在网络货运经营活动中，从事承运管理、客户服务、信息服务，并组织进行订单受理、业务跟踪、费用结算、信息处理的人员。2022年3月，交通运输部科学研究院和深圳依时货拉拉科技有限公司起草的《互联网货运平台安全运营规范》团体标准正式实施，这是我国首个互联网货运安全团体标准，对于提高平台货运企业安全运营水平有着重要促进作用。

新职业的发展已经成为数字社会的重要组成部分。政府与企业的共同努力将推动数字职业的标准化、规范化、规模化发展，为数字经济的快速发展提供更多的人才和人力支持。

延伸阅读

虚拟现实工程技术人员：在模拟环境中建构真实

2022年，虚拟现实工程技术人员成为《职业大典》中“数字职业”的一员。

头戴 VR 眼镜，坐进驾驶舱手握方向盘，时而在科目二训练场内练习，时而在高速公路上飞驰，时而在冰天雪地或泥泞不堪的道路上艰难前行。每天，赵苍月都要在虚拟现实中应对复杂多变的环境。

赵苍月是千种幻影公司的产品经理，也是一名虚拟现实工程技术人员。他最主要的工作是设计虚拟现实驾驶课程，并通过编写代码把现实中的环境用虚拟的方式呈现出来。这些课程连同公司研发的驾驶模拟机，已经运用在一些驾校当中。

“我今天测的这个雪地环境，路面的质感还得再做一些调整。”为了验证虚拟环境的呈现效果，赵苍月设计完环境和场景后，都要在公司研发的驾驶模拟机上“开车”实测，以获得最直观的感受。

光是自己体验还不够，产品还得让驾校教练员来把把关。有一次设计完场景，教练员在虚拟场景中试车时，发现汽车后视镜的观感与驾驶真车时有细微差别。经过多方排查，赵苍月发现，原来是这次收集建模数据时出现了小误差。修改过后，虚拟场景里看到的景象就与真实场景完全一致了。“如果这一点点差别没有排查出来，学员学车时就有可能出错，我们不能允许这种情况发生。”

在虚拟的环境中，可以不受约束地进行设计。赵苍月会在虚拟场景中添加一些实际驾车训练中难以碰到的“突发情况”，比如鬼探头、方向盘失灵等等。每一种环境和情况，系统都会给出应对措施。学员可以在安全的环境中学习如何应对这些现实中罕见但真实的危险，为以后实际开车上路做好万全的准备。

“之所以选择干现在这行，主要是想追求创造性。”赵苍月表示，“这种技术最终能发展成什么样，完全取决于我们的想象力，它有无限的可能。”

灵活就业选择更加多元，小众爱好造就大众产业

不要以为“新职业”都是在大城市窗明几净的办公室里。现在，任何一个犄角旮旯都有可能存在几个数字时代诞生的新职业。

每年元旦、春节临近，作为东北团圆家宴一道“硬菜”的蚕蛹便迎来热销季。一家大型零售平台数据显示，仅在2022年12月的前三周，东北三省蚕蛹销量环比11月同期上涨51%。在如火如荼的产业链背后，一群来自小村的“95后”、“00后”年轻人，成为助推乡村振兴、拓宽本地就业渠道的见证人。

号称“柞蚕之乡”的铁岭市西丰县有45万亩蚕场，共放养柞蚕4500把，产茧量4500吨。“95后”女孩迟月在大学毕业后返乡创业，上网卖蚕蛹，一个蚕蛹季能售出150多吨。蚕蛹成熟后，需要靠人工将蛹从茧壳里“噶(东北方言，意为用刀划开)”出来，她笑称这一工种叫“噶蛹者”。

为拓宽销路助农增收，迟月与美团优选达成合作，助推西丰县蚕蛹出省，销售到东北三省多地。激增的线上销量，带动更多农户成为“噶蛹者”，其中绝大部分为农村妇女。现在，迟月已带动全县近200位农户“噶蚕蛹”，村民在冬季农闲时节人均增收2万元，“噶蛹者”“蚕蛹温控师”“蚕蛹质检师”等新职业应运而生。

蚕蛹的生长对温度条件较为敏感：当温度低于26摄氏度时，蚕蛹表皮不红。温度稍高一二摄氏度，蚕蛹会鼓胀破裂。经多番尝试，村民发现温度恒定在27摄氏度至28摄氏度、湿度指数为23%时，噶出来的蚕蛹八成为红皮。红皮蚕蛹售价通常比黑皮蚕蛹高三成，能给村民带来更大收益。

"95 后"大学生迟月返乡创业，带村民通过蚕蛹产业链致富

基于农业农村部的农产品产地初加工补助项目，西丰县的年轻人与村民们一同搭建起"组装式蚕蛹冷藏库"，每个仓库可容纳 50 吨蚕蛹。通过风冷冷凝器、数显温度计等专业智能设备对蚕蛹加温，对其越冬环境进行智能温湿调控，再由"蚕蛹温控师"定时检查。在每年 10 月的"加温茧"环节，以及 12 月的蚕茧越冬过程中，"00 后"女孩杨羽惠就要负责精准把控温湿度，让蚕蛹表皮获得更好的色泽、成功越冬。

蚕蛹在登上消费者餐桌前，还要经历质检、分装等环节。"90 后"姑娘杨柳是一名"蚕蛹质检员"。蚕蛹被送入美团优选仓库前，她会逐盒拿起蚕蛹，检查蚕蛹气室是否为白色，白色气室则代表蚕蛹鲜活。宁远屯村民也通过做"蚕蛹分装师"，将成筐的蚕蛹分装并称重，实现月入数千元。在美团优选平台上，200 克的小包装蚕蛹卖得更好。

在 2022 年，新经济形态继续为社会创造了多种多样的新职业，并得到

在组装式蚕蛹冷藏库内，“00后”女孩杨羽惠当起“蚕蛹温控师”

了政府部门的认可。例如，“双碳”时代的到来，催生了“碳汇计量评估师”“综合能源服务员”“建筑节能减排咨询师”“煤提质工”等新职业。

32岁的胡玉杰，是贵州大学管理学院的一名副教授，她的另一个身份是碳汇计量评估师。碳汇，指的是通过植树造林、植被恢复等措施，吸收大气中的二氧化碳，从而减少温室气体在大气中浓度的过程。碳汇计量评估师的工作就是运用碳计量方法学，对森林、草原等生态系统进行碳汇计量、审核、评估。

“为了保护我们的生存环境，在未来，每个人或者每个碳排放主体的碳排放空间是有限的。当你的碳排放量超出你所拥有的权限，就需要向其他碳排放少的人或主体购买碳排放的权利。这其中涉及的评估、减排、交易，都需要碳汇计量评估师来参与完成。”胡玉杰介绍。

2014年，胡玉杰从北京理工大学毕业。原本学习国际经济与贸易的她，对“气候变化”问题始终保持着极大兴趣。在获得保送硕博连读资格后，胡玉杰希望未来的研究能够将气候问题和自己本科的经济学专业相结合，因此选择了“能源与气候经济”这一研究方向。

胡玉杰曾经接到一项课题，用浅层地热能取代部分日常家庭用电，减少化石能源带来的碳排放。胡玉杰说，像这样的一个减排项目，完全可以放进碳交易市场里面，跟一些碳排放量大的减排主体进行交易，分担减排成本。“为了应对极端气候变化，我们确实需要进行减碳。同时，也要顾及到社会经济发展，我们就是要去寻找减碳和发展两者之间的平衡点，获得双赢。”

还有许多新职业，生发于市场上越来越多样的服务需求，回应了人们对美好生活的向往。

小康时代，人们不仅对自己更好，也可以对自己的宠物更好。Mob 研究院发布的《2022 年中国宠物消费洞察报告》显示，2022 年中国宠物（犬猫）数量已经达到 1.1 亿只，市场规模更是直逼 2500 亿元——年轻人的“小

宠物肥胖问题逐渐受到关注

众爱好”正在塑造一个千亿级市场。另有数据显示，我国宠物相关从业人数已经超百万，还催生了狗粮品鉴师、伴宠师、宠物侦探、宠物减肥师、宠物入殓师、宠物烘焙师、宠物驯导师、宠物保健师、宠物健康护理员等众多让人意想不到的新职业。

比如宠物肥胖症，在国外早已成为养宠家庭面临的普遍性问题，而随着国内第一代养宠人的宠物年龄逐步增长，宠物老龄化问题开始显现，加之此前疫情的影响，宠物出门和运动的频次大大降低，肥胖也成为不少宠物面临的健康问题。

2022 年 7 月，杭州一只金毛犬“歪歪”健身月瘦十斤的趣闻引发了网友关注。歪歪因为爱偷吃食物又不喜欢运动，导致体重超标，平时也不和其他狗狗“社交”，因此狗主人找到了宠物训练师杜琳佳，帮助小狗找回自信。“现在它已经瘦了十多斤了，感觉整个狗都变得开朗起来。”

歪歪每次健身前，杜琳佳会让歪歪先散步热身，“跟人一样，在运动前适当热身可以减少受伤，也能提高效率”。热身结束，开始正式的力量训练，杜琳佳一般会安排平衡站立、坐卧立转换等，一般时间控制在 20—30 分钟，每个动作五组，完成会有小零食奖励。除了力量训练，还有一周一次的游泳，以及适当的跑步训练。晚上，歪歪还要进行追食衔取训练，才算是结束当天的训练。

“宠物减肥师”还得是一名专业的营养师。不同年龄、健康状况和运动量的狗狗，每天可以摄入的主食类型和次数也不同，需要独家定制，由此才能达到营养保障和减肥效果的最佳平衡。因此，在热身、力量训练、按摩结束之后，杜琳佳会给歪歪准备健身餐，基本由胡萝卜、蔬菜、鸡胸肉和营养品等组成。

在国外，宠物减肥行业已经较为成熟。在美国，不少机构都为“宠物减肥师”开出了 5 万美元以上的年薪，折算成月薪，约为 2.8 万元人民币。业内人士表示，在国内，宠物减肥类产品属于市场有需求但产品很缺乏的状态，未来市场规模可期。

数字时代对刚步入职场的年轻人来说，是一片“蓝海”，可以做出的选择本来就很多；而对一些已有一些工作经验的人来说，数字经济的快速发展给了他们打破“既定轨道”的机会，能够获得勇气探索一条与众不同的职业道路。

对于这一点，“声音解压师”李艳感受很深。她曾经是一家北欧企业的高管，有稳定的收入和广阔的发展空间。然而，在工作和家庭变故等多重压力下，她开始思考人生的价值与意义，也逐渐意识到“活在当下”的重要性。2017 年，李艳辞去了原来的工作，以多年热爱的瑜伽和音乐为起点，去探索一种新的事业发展方向。

在北京的一家声音疗愈工作室里，回旋着悠长的颂钵声。十多个人享受着各种专业乐器带来的振动频率和旋律。李艳的手指轻轻穿梭在各个乐器之间，用平和轻柔的声音引导顾客放松冥想。在多种乐器频率的交织中，顾客的表情逐渐放松，有些顾客甚至轻轻打起了呼噜。

李艳介绍道：“新客里面至少有 50%—60%的人是通过美团、大众点评等平台了解到我们的。”在数字经济供需匹配的推动下，“解压经济”已经形成了一个独特的新业态，“解压师”这一新职业也得到越来越多人的关注。刚决定转型的时候，家人和朋友对她的选择并不理解也不支持。但随着时间推移，家人的态度也慢慢发生了改变。经过 4 年的学习与实践后，2021 年 9 月，李艳在北京朝阳区的一个写字楼里开了自己的工作室。“最初的顾客群体以声疗爱好者为主，疫情之后，店里的消费人群明显增加了，越来越多的上班族、大学生、企业高管等非爱好者群体到店体验。”

37 岁的张杰则在家政服务业中找到了方向，转型成为一名“收纳师”。由于每个家庭成员生活习惯、爱好、物品数量、身高体型各不相同，实际生活中常常遇到动线交叉、使用不便、空间浪费、物品与家具尺寸不契合等问题。“收纳师”，正是为此类问题而生。2021 年 1 月，人社部公示了 21 个新增的职业工种，在“家政服务员”职业下增设“整理收纳师”工种，收纳师正式成为一种被认定的新职业。

这个行业门槛虽然并不高，但想要成为一名优秀的收纳师，对工作的热情必不可少。有一天下午五点，张杰临时接到客户订单，他立刻安排团队动身去上门服务，直到次日凌晨才完工——原来，客户的父母要到家里“视察”，客户才紧急下单求助。在张杰看来，对待这份工作的认真诚恳是有回报的：如今，张杰已是一名月收入过万的创业老板，其收纳师团队里还有不少兼职“宝妈”，她们用闲暇时间参与工作，既避免与社会脱节，还能以工资贴补家用。

收纳师职业的发展，还得到了互联网企业的助力。2022 年 7 月 17 日，互联网公司深圳市空间收纳科技服务有限公司宣布推出“青青收纳”服务平台，这是国内首家收纳整理综合服务平台。“青青收纳”能为消费者提供完整收纳服务与收纳产品，打通收纳培训机构—收纳师—生产厂家—消费者之间的需求通道，形成一条完整的信息链与服务链，这在一定程度上填补了国内市场的空白。对于收纳师而言，通过平台就能接收到全国海量的收纳服务订单需求，通过平台的同城服务以及定点推送功能，收纳师可以直接抢单或预约订单，极大地拓展获客渠道，提升工作效率。

远程工作者雇佣平台“甜薪工场”CEO 黎阳发现，当前灵活就业群体和企业用工方面呈现三大趋势：一是从业人群从蓝领逐渐渗透到白领人群；二是更多企业开始拥抱灵活用工；三是知识技能领域的工作需求不断增长。在可预见的未来，越来越多的企业会聘用临时性的专业人才，越来越多的新职业也将参与到我国的高质量发展的进程中来。

黛安娜·马尔卡希（Diane Mulcahy）在《零工经济》一书中强调，新时代零工经济是一种技能经济。可以看到，随着我国灵活就业群体的壮大，新职业人群也逐步搭建起自己的知识结构、技能体系，以自己的独特行动为经济社会转型献出一分力量。

延伸阅读

“95后”男孩成为测糖师

阳光玫瑰常被消费者称为“葡萄中的爱马仕”。2015年前后，其售价曾高达300元一斤，带动国内种植面积迅速增加。到2021年，国内阳光玫瑰种植面积超30万亩，价格逐渐亲民。美团数据显示，2022年8月，“阳光玫瑰葡萄”销量同比上涨120%，阳光玫瑰葡萄酸奶、葡萄茶饮料也成畅销品。

在阳光玫瑰葡萄大面积种植、广受消费者欢迎的背后，有一群人在默默维护着葡萄的品质与口感。“95后”测糖师赵耀就是其中一员。在云南省大理白族自治州宾川县，赵耀给自家100多亩葡萄“测糖”，指标合格后才放到美团优选上售卖：“一般来说，糖度越高口感越好，‘测糖’是必要的品控环节。‘测糖师’就是阳光玫瑰葡萄的品质守门人。”

手持“测糖仪”，赵耀蹲在高度1米2的葡萄藤下，日测葡萄2000串，测完一亩地需要七八个小时。赵耀告诉记者：“葡萄自上而下成熟，靠近根部的果粒甜度高，最下边的果粒甜度低。‘测糖师’专挑最下边的一粒测‘底糖’，确保糖度达到16度至18度才能上市。假如糖度不达标，‘测糖师’会在葡萄套袋上做个标记，等过几日再测。”

赵耀的葡萄基地选择与美团优选合作。赵耀带动周边五六十户果农种植近3000亩阳光玫瑰葡萄，经“测糖”、分拣包装、品控质检等环节，小葡萄快速搭乘美团优选冷链物流车去往国内2000多个县市，走入大市场，让更多县乡消费者以“次日达”的速度买到新鲜葡萄。

8月下旬，除云南外，湖南、湖北、四川、浙江等地阳光玫瑰葡萄陆续上市，几乎全年不中断。云南产的阳光玫瑰葡萄偏甜，糖度能到 16 度以上。而浙江的阳光玫瑰口感偏淡，各有特色，满足不同消费者的口感需求。

阳光玫瑰葡萄走入线上售卖后，在各环节标准化、提质增效的同时，串起一整条致富链条，提供更多就业岗位。在葡萄产销旺季，一些大型葡萄园会专门雇人“测糖”。“测糖师”月增收近 8000 元，在当地属中上收入水平。此外，葡萄流通中的分拣、包装环节，也能吸纳当地劳动力，尤其是农村妇女就业。“00 后”姑娘杨字梅，家住云南省大理白族自治州漾濞彝族自治县。农闲时节，她参与葡萄分拣、称重、修剪、包装等工作，凭借细致与耐心，月收入从 2000 元提升到 6000 元，成为阳光玫瑰葡萄致富链条上的获益者之一。

“95 后”葡萄测糖师赵耀手持测糖仪，逐串给葡萄测糖

延伸阅读

2022 年灵活就业百态

亿欧智库在《2022 中国灵活就业新洞察报告》中预测，在市场引领、政府引导双引擎的驱动下，2022 年灵活就业整体市场规模估算可达 11030 亿元，突破万亿元市场；此后，市场规模将进一步发展，预计 2022—2025 年年均复合增长率可达 20%。

就目前而言，制造业与传统服务业仍是灵活就业用工主力：2021 年，制造业和传统服务业灵活就业用工使用率分别为 68.77% 与 62.97%，且制造业与传统服务业多数为劳动密集型产业，劳动力流动性、用工需求季节性强，受劳动力成本影响较大，预计仍会继续保持稳定的灵活就业用工需求。

其中，制造业需求高但供给不足的用工问题突出：据人社部发布的 2022 年第一季度全国“最缺工”职位占比来看，制造业仍居首位，反映出制造业存在供给无法满足高需求的用工问题。而现代服务业的灵活就业渗透场景更丰富，与数字经济深度融合的应用场景建设下，现代服务业增长空间进一步拓展，将衍生更多灵活就业场景。此外，交通物流运输行业中灵活就业变为“新常态”：2021 年，交通物流运输行业使用灵活就业用工企业数量占比最高（72.9%），用工人员构成中有 506.5 万灵活就业者，占总用工人数近一半比例（46.39%）。互联网 /IT 相关、金融 / 房地产、教育培训行业灵活就业渗透率提升空间巨大：这些行业在 2021 年有超过一半比例企业使用灵活就业模式，但人员占比不到 20%。

值得注意的是，灵活就业人群正在经历转型：新灵活就业群体更年轻化，年龄断层被打破，议价水平低的年轻求职者与养家压力大的中年人共同构成了灵活就业的主力。

2022 年第二季度的数据显示，灵活就业群体的年龄分布集中在21—30岁和31—40岁的区间：相较全职工作群体，灵活就业群体处在21—30岁（37.7%）和31—40岁（35.0%）的比例最高，新灵活就业群体更年轻化，且呈现年龄跨度大但年龄分布差异比例小的特点。

灵活就业群体中，初中及以下、高中/中专/职高的学历水平合计比例超过80%，显著高于全职工作群体。学历水平很大程度影响了年轻求职者在劳动力市场上的议价水平，年轻求职者出于积累工作经验和生计压力等原因会选择灵活就业。当前我国灵活就业群体占比接近22.4%。从就业结构上来看还是以劳动密集型制造业和生活服务业等传统灵活就业者为主。在传统灵活就业群体中，建筑工人、物流运输人员等群体平均年龄较高，40岁以上占比接近30%，多为低学历、技能、有养家压力的中年人。

对于刚毕业的大学生来说，灵活就业也越来越成为一种被认可、被接受的职业选择。2022年，我国高校毕业生规模首次超千万，伴随着高校毕业生量质齐升，整体的就业压力及求职竞争激烈程度有所增加。

前程无忧的调研显示，在2022年毕业的大学生中，有41%受访者认为当前就业形势严峻，在这种认知下，大学生在为自己制定

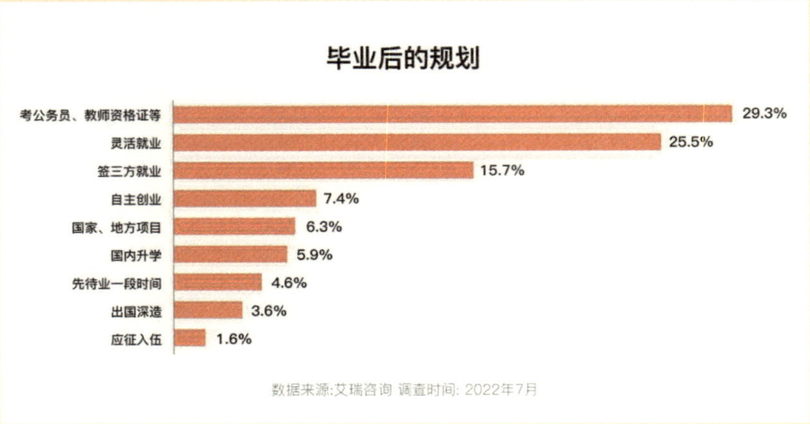

职业规划时表现出较明显的求稳心态——计划进入体制内岗位，如公务员、事业单位、军队文职等，该群体占比最大，为29.3%。研究生群体对公务员、事业单位等体制内工作的倾向尤为明显。在读研究生中，54.5%受访者的职业规划为进入体制内。从大学生的就业雇主类型意向来看，62.3%选择了央企国企，51.9%倾向到政府机关或事业单位就职，这也呼应了大学生群体对于工作稳定性给予的较高考量。

同时值得注意的是，有87.7%的同学愿意从事灵活就业，他们将更高的自主性、丰富的体验视为灵活就业的主要吸引力。同时，也有近30%的同学视其为临时性的过渡选择，待就业市场形势好转后再作打算。

全国高等学校学生信息咨询与就业指导中心数据显示，2020届全国高校毕业生的灵活就业实际占比约16.9%，2021届占比为16.3%。首都经济贸易大学劳动经济学院冯喜良教授课题组曾对北京15所高校35788名毕业生的灵活就业比例调研发现，专科生的灵活就业比例为25.8%，高于本科生的12.3%和研究生的10.7%。

10月19日，艾瑞咨询发布的《2022年后疫情时代大学生求职者洞察报告》显示，57.3%的同学参加专业技能、求职技能等培训来提升自身竞争优势，近五成同学从长远考虑，进行职业生涯规划，近四成则通过充分准备笔面试和多考取专业证书来提高自己。

稳就业保就业是“六稳”“六保”的重心。可以看到，政策端在补助激励企业招聘高校毕业生的同时，也持续为高校毕业生提供更加成熟完善的就业服务和创业环境。与此同时，高校人才培养模式的升级转变、更广泛的校企合作、求职平台的精准匹配，将进一步助力大学生就业。

群策群力推动职业培训，补足数字人才缺口

数字人才是数字经济发展的核心要素。当下，世界主要国家分别在人才体系建设、科技研发创新、数字基础设施等多个领域制定战略规划，其中尤以人才培养为重中之重。

为了防止数字人才的结构性短缺制约数字经济的发展，世界各国政府都在针对这一问题，从教育培训和人才引进制度等领域制定相应政策，以构建本国数字人才体系，保障数字经济的持续健康发展。

对于中国而言，数字人才短缺、职业教育与数字化进程的适配问题备受关注。《产业数字人才研究与发展报告（2023）》指出，当前我国数字人才缺口约在2500万至3000万左右，比2020年人才缺口扩大了500万至1000万，且缺口仍在持续扩大。

2023年3月的两会期间，全国政协委员、德勤中国主席蒋颖带来多份提案，尤其关注了职业教育的数字化转型。蒋颖认为，“数字化人才的一大特征是复合型，数字经济本质是数字技术与产业、场景、业务深度融合，往往需要人才至少具备两个专业能力”。由此可见，完善的职业教育体系是补足数字人才缺口的重要一环。

“科技＋教育”的快速发展为职业教育数字化奠定了良好的资源与技术基础，越来越多的职业院校根据专业教学需求，推出智慧教室、虚拟仿真实验教学中心等数字化教学平台，打造良好的数字化教学环境。部分院校和在线教育平台还依托物联网、人工智能等技术推出“数字课程＋电子教材”的教学模式，进一步提升职业教育的数字化程度。

2022 年是我国职业教育数字化转型发展的关键之年。3 月，坚持需求牵引，以“1 个职教大脑 · 数字驾驶舱系统、2 个二级平台、4 个子系统和 4 个分中心”为主体的国家职业教育智慧教育平台建构完成，全方位推动职教数字化。与此同时，专业化的数据采集平台和职业教育专业教学资源库建设也成效显著。如今，203 个国家级资源库建成，覆盖高职 19 个专业大类，应用稳步增长。截至 2023 年 2 月，职业教育教学资源库共有精品在线开放课程 6757 门，视频公开课 2222 门，汇聚各类资源 610 万余条。

安徽省合肥市肥东县一所中专学校智能制造实训中心，学生在进行数控机床作业实训

数字化的职业教育，正迅速火遍全国。

“为使某度假酒店暑期收入能够超越往年同期，应制定怎样的营销策略?”在位于江西旅游商贸职业学院的数字化智慧教室内，一堂特殊的酒店管理课正在进行。当学生们给出对策及理由，“博弈沙盘系统”立刻进行模拟推演，并提出相应反馈，帮助学生优化方案。这间用于酒店管理教学的数字化智慧教室配备了远程教学系统、酒店建设营运博弈沙盘等设施和软件系

统，学生可通过模拟沙盘演练、虚拟仿真实训等，在沉浸式、个性化的学习环境中，感受到“接站—行程讲解—入住酒店—景区讲解—送站”全流程。

在湖南，校内与校外结合、线上与线下混合、虚拟与现实融合的教学模式正在成为职业教育的新常态。“这台三维激光扫描仪采用激光技术，能够在几分钟内为复杂的环境和几何图形制作出细节丰富的三维图像。”在一间高精地图实验室内，由湖南汽车工程职业学院与南方测绘公司校企联合组成的双导师团队，向智能网联专业的学生们讲解了高精地图采编的“开学第一课”。这所学院还携手南方测绘共同制定、实施智能网联汽车和智能交通两个专业的人才培养方案，构建两个专业的课程体系，开发建设《地理信息采集与编辑》核心课程、高水平教材以及数字孪生、虚拟仿真等数字化资源，利用“线上＋线下”的教学模式共同指导采编现场工程师的理论与实践教学。

2022 年，辽宁面向主导产业需求，推动 100 个传统专业进行数字化升级改造，并新增了 84 个智能控制技术、无人机应用技术等新领域专业；制定了在线精品开放课程建设与共享实施方案，加强精品课程、虚拟仿真实训基地建设，推进教育教学数字化；同时启动覆盖全省职业院校的数据基座建设，打造一批信息化标杆学校，大力推动数字校园普及。

除了政府的大力支持、院校的锐意进取，企业也在复合型数字化人才的培养上发挥了重要作用。

如今，越来越多的在线学习平台提出紧跟时代、自我提升的“终身学习”概念，为用户提供涵盖多行业、各年龄段的线上课程，并且提供相应的证书认证，为数字职业建立起一套标准。在就业导向下，一系列网课、视频课等优质学习内容涌入线上，进一步打破空间与时间的限制，为更多人提供了学习渠道，参与到数字经济中来。此外，职业教育的精细化程度也在不断提高，越来越多人选择通过职业教育向着类型更广、专业性更强的领域发展兴趣，实现职业追求。

例如，非学历职业教育培训服务供应商“粉笔”开发出了一套全面职业考试培训产品及服务组合，通过高质量的直播或录播形式的在线培训课程，并辅以在线自学资料及工具，吸引了广泛的学员群体。截至 2022 年 6 月 30 日，粉笔已组建了一支由 3796 名讲师组成的专业团队，其中大部分讲师拥有本科或以上学历。此外，粉笔的内容开发团队具有丰富的教学经验，结合大数据分析，不断完善课程材料及教学技巧。

教育部的数据显示，2022 年中国高校毕业生 1076 万人，比去年增加了 167 万人，是历史上首次突破千万人大关。面对就业市场的竞争加剧，越来越多的求职者寻求通过高质量的培训服务提高竞争力，增加获得理想工作职位的机会。根据弗若斯特沙利文报告，按收入计，中国非学历职业教育培训行业的市场规模预计由 2021 年的 2215 亿元人民币增至 2026 年的 3317 亿元人民币，复合年均增长率 8.4%。

除了“中心化”的职业院校、教育平台，在具体行业中，企业也在不断向社会输送着数字化人才。

例如，为了解决外卖行业人才的供需矛盾，培养能够推动餐饮业高质量发展的综合型人才，美团新餐饮研究院与人社部教育培训中心联合推出了行业内首个由政府背书的外卖运营师培训项目，打造了由初级班、中级班、高级班三个层次组成的培训体系，为行业输出职业标准，培养外卖运营岗位人才。学员经过培训并通过考试后，将获颁“人社部培训证书”和“美团人才培训证书”。

23 岁的邢紫嫣是一名“外卖运营师”，她每天穿梭在广州 CBD 的珠江新城，帮商家上线外卖、推广运营。疫情期间，珠江新城有一家商家上线了外卖，当时卖的菜品比较贵，外卖的客群基本上是回头客，很难触达新客群。邢紫嫣了解情况后，建议商家把招牌菜“小炒黄牛肉”拿出来做单人套餐，主食配米饭、蔬菜，把成本压下来。这样一来，商家的外卖月销售一下子从近 300 单飙升到 1200 单左右。在一家西餐厅里，餐厅负责人翻开线上店铺的数据让邢紫嫣支招：“这段时间，我们在平台上新开了一个活动，感觉效果不是很好，是不是哪里设置错了？”仔细研究一番后，邢紫嫣给出了建议：“可以尝试在不同时段，匹配不同的套餐和活动；每周一的订单量是最

邢紫嫣帮助商家解决问题

低的，然后一路上涨，说明经历了周末之后，大家消费心态有一个恢复的过程……”

从一开始被餐饮老板拒绝，到如今能分析外卖数据，协助商家改善经营状况，邢紫嫣说自己俨然从一名“吃货”变成了一名“专业吃货”。如今，邢紫嫣手头上管理着珠江新城近200家餐饮门店，每天的工作满满当当。2022年，美团外卖运营师社会面认证全年开班22期，累计培训认证2841人。学员受训后，回到餐饮企业、代运营公司中，在提升餐饮行业数字化水平、促进就业等方面起到了积极作用。

在政府、学校、企业的共同推动下，我国的数字化职业教育质量不断提升、资源不断完善，数字技能的学习成效不断凸显，“所学”与“所做”之间的距离正在缩短。随着数字时代人才培养体系的不断完善，越来越多的复合型数字化人才将成为数字社会的新鲜血液，成为推动中国经济高质量发展的生力军。

延伸阅读

国家智慧教育公共服务平台上线，全力推进职业教育数字化

2022年12月，中共中央办公厅、国务院办公厅印发的《关于深化现代职业教育体系建设改革的意见》提出，要做大做强国家职业教育智慧教育平台，建设职业教育专业教学资源库、精品在线开放课程、虚拟仿真实训基地等项目，扩大优质资源共享，推动教育教学与评价方式变革。

2022年，我国全面实施国家教育数字化战略行动，把诸多典型应用、资源内容等“珍珠”串成“项链”，集成上线国家智慧教育公共服务平台，释放数字技术对教育高质量发展的放大、叠加、倍增、持续溢出效应。截至2023年2月，平台上线近一年来，访问总量超过67亿人次，现已成为世界最大的教育资源库。

国家智慧教育公共服务平台包括基础教育、高等教育、职业教育、就业服务等子平台，其汇聚了全国最优质的基础教育数字资源，涵盖德育、课程教学、体育、美育、劳动教育、课后服务、教师研修、家庭教育、教改经验、教材等10个板块、53个栏目、4.4万条资源。陕西省渭南市电化教育馆一级教师沈文婷介绍，平台为学生提供了更多“学”的资源。“比如在课后服务板块的科普教育里，学生通过拖动鼠标，就可以身处清华大学博物馆，网上虚拟参观，学生很喜欢。”

目前，国家职业教育智慧教育平台上线专业教学资源库1173个，在线精品课6700余门，视频公开课2200余门，覆盖专业近600个，215个示范性虚拟仿真实训基地培育项目分布全国。依托平台，全国有接近55%的职业学校教师开展混合式教学，探索运用虚拟仿真、数字孪生等数字技术和资源创设教学场景，解决实习

实训难题。比如，湖南汽车工程职业学院探索在5G环境下“C+R”远程操控、真场执行的实训方法，学生可随时随地通过远程发出操作指令完成实训任务。

专家观点

推动数实融合需要培养大量数字化应用人才

——基于对外卖运营师职业发展历程的研究

美团研究院　孙　聪　厉基巍　张　放
美团新餐饮研究院　胡　欣　尹　丽

促进数字经济和实体经济深度融合，既需要科技研发人才，也需要大量数字化应用型人才。在餐饮行业，外卖是企业数字化转型的重要一环。外卖运营并非简单将线下堂食经营搬到线上，而需在此基础上结合线上消费习惯进行复杂的策略设计。在此过程中，需要大量具备外卖运营专业技能的外卖运营师。作为数字经济催生的新职业群体，外卖运营师对于促进餐饮行业发展、保民生、稳就业具有积极作用。外卖运营师作为近年来快速发展起来的新职业，目前市场上岗位缺口还很大，且面临着社会认知不足、培养体系不完善、从业者能力参差不齐等现实问题。建议完善数字化运营职业的行业标准，鼓励平台企业帮助中小商户提升数字化运营能力，社会各界共同努力构建数字化运营人才培养体系，帮助市场主体特别是广大中小商家利用数字化工具提高运营管理效率。

习近平总书记在党的二十大报告中明确指出，要“加快发展数字经济，促进数字经济和实体经济深度融合”。发展数字经济，既需要科技研发人才，也需要大量具备数字化经营思维、可熟练应用数字化工具、掌握生产经营各环节数字化规律的应用型人才。有数据表明，我国数字化人才缺口高达 1100 万，随着全行业数字化的快速推进，这一需求缺口还会持续加大。人社部于

2022 年 9 月发布的国家职业分类大典首次标识数字职业，也凸显了数字领域专业人才在驱动数字经济发展、加速行业数字化转型中发挥的关键作用。

餐饮业与人民美好生活密切相关，近年来外卖已成为餐饮企业数字化的重要内容。外卖运营与传统堂食经营具有明显的差别，它是一种“通过互联网，利用外卖平台工具，提升线上‘一量三率’，并以促进用户下单交易为目的，制定外卖运营策略、方法、落地”的专业化运营，需要具备“数字化 + 传统餐饮”的复合型思维模式和知识体系。近年来，随着外卖行业的快速发展，具备外卖运营专业技能的外卖运营师已成为推动广大餐饮商家特别是中小商家实现数字化转型的重要力量。近年来，外卖运营师的就业规模不断扩大，工作内容日益精细化、专业化，释放了很多就业机会。但作为一种新兴职业，外卖运营师也面临着人才缺口较大、发展有待规范、外界认知模糊等现实问题。

美团研究院于 2022 年 8—9 月对我国平台企业、品牌餐饮连锁企业、大型代运营企业、资深外卖运营师进行了深度访谈，并面向餐饮外卖商户和外卖运营师开展了问卷调研，梳理了外卖运营师这一新职业群体的发展历程、职业特征与典型问题。

一、外卖运营师的发展历程与现状特征

“外卖需要运营，运营需要人才”。外卖运营师既像专业医生，为商家把脉诊断线上经营的痛点并对症下药解决问题，又像是军师，结合商家经营情况、市场竞争形势设计运营策略。外卖运营师小张的成长经历是这一群体发展的缩影，从中可以看到近年来我国餐饮业数字化转型过程中外卖运营理念与模式的发展变化。

（一）职业发展经历“从无到有、从粗放到精细化”的过程

2016 年之前的萌芽期。专业的外卖运营并不是从一开始就有的。2013

年，美团外卖上线，当时堂食仍是餐饮企业的主要经营方式。直到2016年，在线外卖收入还仅占全国餐饮收入的4.6%。这一时期，外卖的经营模式也比较简单直接，普遍做法是将部分线下餐食菜单直接转到线上，行业中还没有形成体系化、专业化的运营思路，也几乎没有专门从事外卖运营的专业人员。

2017—2019年间的稳步发展期。随着外卖在餐饮行业渗透率的不断提高，以及外卖平台技术能力的日益增强，餐饮消费供需匹配的效率被极大地提升。餐饮商户之间从最初少数商户之间、餐食口味的一维竞争，逐渐发展为更多商户、更多维度的竞争。餐饮商户逐渐意识到，当消费者在线上“商圈”搜寻时，如何通过运营动作使其从众多商户中成功“出圈”，将极大地影响其经营状况，“外卖运营”的概念应运而生，也开始出现专业的外卖运营人员和团队。这一时期，美团基于对外卖模式的理解，开始推出外卖运营培训课程，并出版一些专业书籍，一定程度上加快了餐饮行业数字化运营理念的推广，培养了早期的外卖运营人才。

2020年之后的加速期。2020年初暴发的新冠肺炎疫情加速了餐饮行业的数字化进程，日益丰富的外卖供给、越发多样的优惠促销活动等，客观上都要求餐饮商家具备更加专业化、精细化的外卖运营能力。一些餐饮商户开始设立外卖运营专岗，一些大型餐饮连锁企业甚至设立了专门的外卖运营部门。但仍有一部分餐饮商户特别是中小商户，或无力聘请专业的外卖运营人员，或认为专门配置外卖运营人员不“划算”，这也催生了大量的外卖代运营公司和个人，同时承接多个餐饮商户的外卖运营工作。至此，多层次、多类型的外卖运营力量在市场上基本形成。

（二）岗位需求达40万，六成以上的外卖门店有岗位缺口

目前市场上的外卖运营师主要包括餐饮企业自雇人员和代运营人员两种类型。美团研究院的调研显示，在有专业化外卖运营力量的餐饮商户中，45.0%的餐饮商户在门店自设专职运营岗位，29.3%有连锁、加盟企业委派

专业人员提供运营指导，25.7%委托外部代运营公司或个体从业者。

调研发现，不同类型外卖运营师同时运营的餐饮门店数量（又称“管理带宽”）各不相同，但平均而言，10 家是比较适合的规模，超过这一数量，就会因为外卖运营师难以投入足够的精力而无法保证运营质量。根据中国烹饪协会发布的《2021 年中国餐饮大数据白皮书》，2021 年全国餐饮门店数量在 930 万左右。假设其中 47%提供外卖服务，可估算得到外卖运营师的岗位需求约为 43.7 万人。美团研究院的调研显示，34.9%的外卖门店配置了专职外卖运营人员，据此可以估算得到目前市场上的外卖运营师约有 15 万人，岗位缺口达到 28.7 万人。

（三）30 岁以下、大专及以上学历是外卖运营师的主要从业人群

作为数字经济衍生出的新兴职业，外卖运营师很受青年就业群体的青睐，30 岁以下的从业者的占比为 55.4%，18—24 岁之间的从业者的占比为 18.0%。

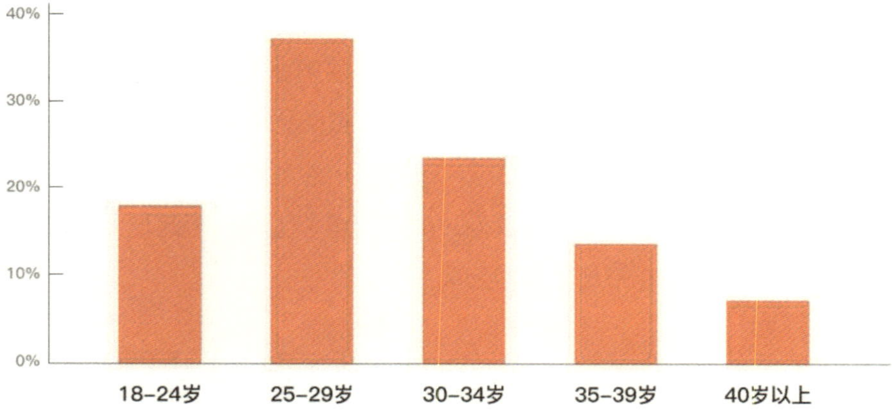

外卖运营师的年龄分布

数据来源：美团调研数据。

由于需掌握数据分析、用户运营、平台运营、产品研发等数字技能，外卖运营师岗位有一定的进入“门槛”。美团研究院的调查显示，大学本科及以上的从业者的占比为32.6%，大专 / 高职 / 高专学历的从业者的占比达到46.8%。

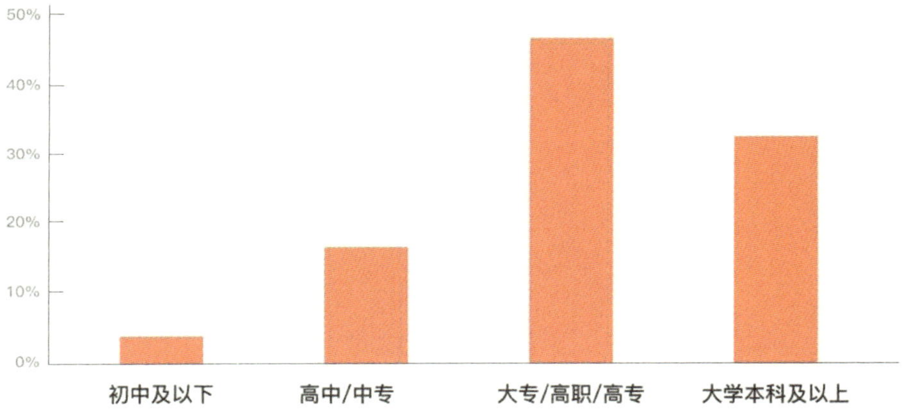

外卖运营师的受教育程度分布

数据来源：美团调研数据。

（四）收入具有一定竞争力，工作满意度较高

按照能力和经验不同，外卖运营师形成了外卖运营助理、外卖运营专员、外卖运营高级专员或主管、外卖运营经理或总监、外卖运营专项人才等不同层次。对于刚入行的外卖运营助理来说，初期收入并不算高，但随着经验的积累、能力的提高和管理带宽的扩大，他们的收入会有明显的增长。美团研究院的调研数据显示，在一线城市从业一年以内的外卖运营师的月收入约为6000—7000元，从业一至两年的外卖运营师的月收入达到8000元左右，从业两年的外卖运营师的平均月收入可超过12000元。其中，品牌连锁企业的外卖运营师的收入相对更高。

外卖运营师的工作满意度较高。美团研究院的调研数据显示，63.7%的从业者对外卖运营工作表示很满意或比较满意，明确表示不满意的仅占6.1%。其中，工作两年以内的从业者的满意度达到68.4%。

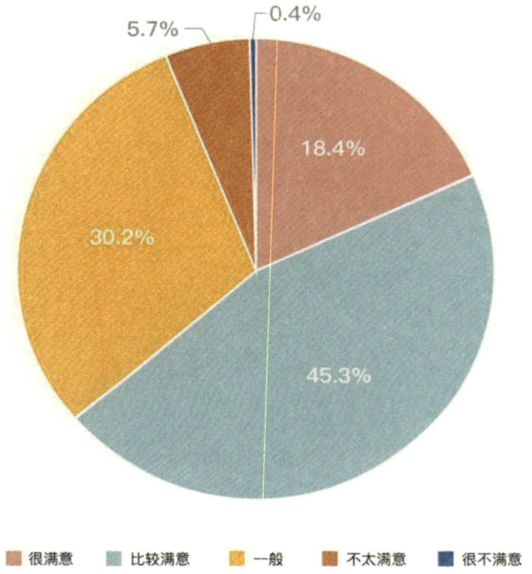

外卖运营从业者的工作满意度分布

数据来源：美团调研数据。

二、外卖运营对促进餐饮行业发展、保民生、稳就业具有积极作用

（一）外卖运营专业化队伍加快餐饮业数字化转型步伐

外卖运营是促进餐饮行业数实融合的重要抓手。外卖运营不等同于简单的上线外卖，线上经营能力不足的情况在餐饮商户中普遍存在，具备专业的外卖运营能力是其自身实现数字化、精细化转型的关键一步。

目前，一些大中型餐饮企业可以统筹管理全国或区域门店的外卖运营，在市场竞争中已逐渐形成自身数字化的特点与优势。但大量的中小商户由于自身资金不足、技术薄弱、人才短缺等方面的原因，往往只能被动承接整个行业数字化外溢的红利，难以主动通过数字化转型实现更高质量的发展。因此，帮助广大中小商户提高外卖运营能力，或引入代运营提升外卖运营水平是推进行业数字化转型的重点。做好外卖运营，不仅会使餐饮商户在经营诊断、店铺装修、餐品设计、活动策划、推广营销、运营优化等多个方面实现多方位的能力提升，还可以显著增强商户的经营韧性，抵御疫情等外部风险的冲击。

近年来，平台企业和大型代运营公司将外卖运营嵌入数字化工具，提高了餐饮商户的数字化“密度”。其中，2021 年美团推出“外卖管家服务”，依托平台帮助餐饮商户和数千位专业外卖运营师结对子，为中小商户提供一线专业运营服务与指导。数据显示，2022 年 1—7 月，在接入“外卖管家服务”的商家中，85%以上的商家的月实际收入实现正增长，平均增长 6400 元 / 月。

（二）外卖运营为保民生和稳就业提供了有效支撑

在新冠疫情反复冲击下，我国劳动力市场的就业总量压力和结构性矛盾凸显，规模性失业风险加大，如何持续增强就业吸纳能力成为重要课题。而新就业形态作为创造就业增量的重要途经，发掘其承载就业的正向价值，使其顺其自然、脱颖而出，对于破解当前的就业难题具有重要意义。

外卖在疫情中发挥了重要的抗疫保供作用，在部分行业用工需求下降的背景下，“逆势”创造了更多的就业机会，这其中既包括大量的骑手，也有被称为“餐饮业数字化转型导师”的外卖运营师。如前所述，外卖运营师当前的岗位缺口达到 28.1 万，随着餐饮行业外卖运营普及率的进一步提高，在此领域还将衍生出更多的直接就业机会。与此同时，疫情导致大量商户线下堂食受限，上线外卖使其得以持续经营，也间接稳定了餐饮行业其他岗位的就业。

（三）外卖运营使从业者成为兼具数字技能和实业经验的复合型人才，未来更具竞争力

做好外卖运营需要具备“电商＋餐饮”思维，将线下餐饮门店经营的经验做法与线上平台的营销策略相结合。从业者通过技能学习和工作实践将会成为兼具数字技能和实业经验的复合型人才，符合我国数字化人才的发展方向。

美团牵头发起、多家单位共同研讨确定的首个针对该职业的团体标准《外卖运营师职业能力要求》于2021年由中国贸促会商业行业委员会正式发布，不仅给出了外卖运营师的定义、等级划分，也明确了该职业需要掌握的五大能力。其中，开店流程、店铺装修、餐品描述、评价管理、经营分析等与电商运营具有相通之处，具备这些能力的从业者能够较好地在外卖运营与电商运营之间进行转化，数字化就业的职业选择更加多元。对于一些已有电商运营经验的从业者而言，转而从事外卖运营工作，能够加深其对餐饮实体经营的理解，锻炼自身统筹线上线下经营策略的能力。同时，外卖运营帮助传统餐饮行业的从业者更加注重线上经营，掌握数据分析方法，形成更具通用性、广泛适用性的数字化思维。

三、外卖运营职业发展面临的典型问题

美团研究院的调研显示，高达65.1%的商户没有专门设置外卖运营人员。其中，八成以上的餐饮商户由非专业的兼职人员从事外卖运营工作，不到两成的商户由门店老板自己做外卖运营。此前美团外卖开展的另一项调研也显示，超过五成的商户表示缺少专门的数字化运营人员，仅有不到三成的商户设立了全职线上化运营团队及数字化考核指标。专业力量不足，使得外卖运营行业在发展中也面临着一些问题。

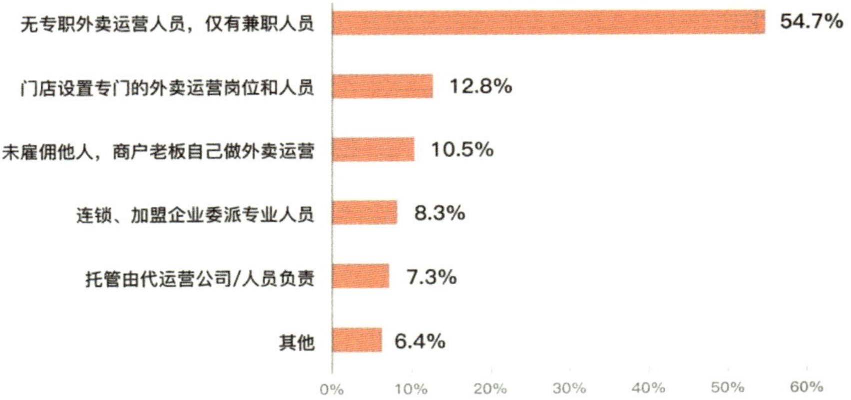

餐饮外卖商户的运营人员安排情况

数据来源：美团调研数据。

（一）中小餐饮商户对外卖运营的认知、理解还不够全面

美团研究院的调研显示，独立商户、小型连锁商户对外卖运营核心指标的了解程度总体偏低，这也导致部分中小商户专门设置外卖运营人员的意愿不高，或对运营人员的能力以及运营效果有不合理的预期。具体表现为如下几个方面。

有些老板会用堂食的惯性思维要求外卖运营；有些老板过于“亲力亲为”，给予外卖运营人员的授权不够；有些老板“放任不管”，与运营人员缺乏沟通，这些因素都会导致外卖业绩不佳。

此外，有些老板对运营过程缺少耐心。美团研究院的调研显示，外卖运营一般要在15—20天后效果才会逐渐显现，但中小商户对现金流的依赖程度较高，往往不愿意等待这么长时间。在此期间商户的利润低甚至现金流为负，就会导致外卖运营人员的专业能力遭受质疑。

在激烈市场竞争下已处于倒闭边缘的商户又可能将外卖视作“救命稻草”，寄希望于通过专业运营扭转整体经营情况不佳的状况。然而，外卖运营并非是万能的，运营效果与商户自身的业务现状、商圈环境、周边竞争对手以及消费者偏好等多种因素有关。若商户在同行竞争中缺乏实质性的“相对优势”，仅从策略上改变也未必能实现扭亏为盈。而这些商户的最终倒闭有时会归咎于外卖运营人员的能力不足。

（二）外卖运营师这一新职业的发展还不够规范，培养体系不健全

美团研究院的调研显示，30.5%的外卖商户认为“制定或完善外卖运营服务的行业标准、认证”有助于提高餐饮行业外卖运营水平，该占比高于其他选项。尽管中国贸促会商业行业委员会发布了外卖运营师的团体标准，但因为这些职业尚未纳入《中华人民共和国职业分类大典》，且无国家、行业标准正式发布，使得外卖运营从业者的社会认知度不高，这也在一定程度上限制了餐饮业数字化的规范发展。

外卖运营发展不够规范的表现之一是培训学习体系不完备，餐饮商户缺少系统的外部知识技能输入，导致对外卖运营的了解程度偏低。美团研究院

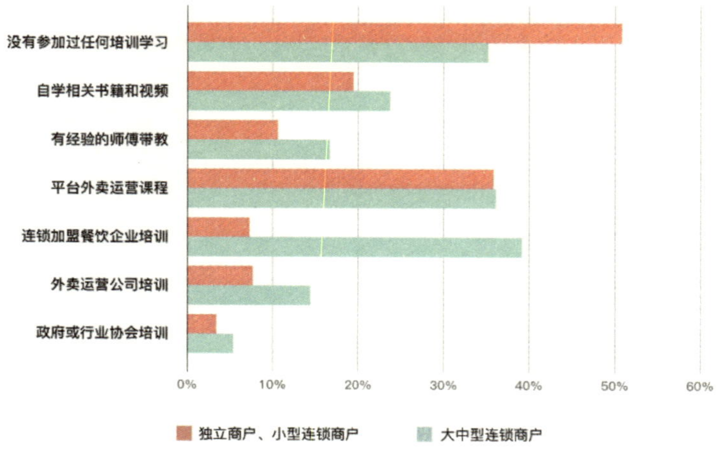

不同类型商户外卖运营知识技能的培训学习渠道

数据来源：美团调研数据。

的调研显示，50.8%的独立商户、小型连锁商户没有参加任何培训学习，该占比远高于大中型连锁商户。通过阅读外卖运营相关书籍和视频自学的独立商户、小型连锁商户的占比也低于两成。第三方学习培训渠道比较单一，平台课程是中小商户了解外卖运营知识技能的主要渠道。同时有 44.9%的外卖运营从业者和 29.3%的商户认为平台培训课程对提高外卖运营水平具有积极意义。

线下课程容易受到地域的局限，相比之下，平台有着广泛的触达渠道，线上课程的开设在普及基础外卖运营知识方面发挥了重要作用。市场化的外卖运营培训公司分布较广且以线下实操培训为主，能够与平台培训形成互补。但其培训信息缺乏集中发布和广泛宣传的渠道，分散化的学习需求又难以聚合，加之参加培训学习的成本也较高，使得这部分培训的对象主要还是餐饮连锁企业、运营公司。

（三）外卖运营从业者的能力参差不齐，降低职业信赖度

外卖运营仍处于从粗放到精细化发展阶段。行业标准仅发布了一年多时间，相应的外卖运营人才培养和职业成长体系还不够完善，使得市场上的外卖运营人员能力参差不齐，运营效果并不都尽如人意。

部分外卖运营从业者虽然通过自学或培训课程掌握了外卖运营的理论知识，但实际运营的工作经验不足，理论学习与实践操作之间存在脱节。一些从业者在接受访谈中表示，好的运营人员应能从整体的市场环境和供需特点出发设计运营战略，并在战略的基础上针对具体问题设计战术动作。然而，还是有相当一部分外卖运营人员会过于聚焦在战术层面，导致运营效果大打折扣、不及预期。

四、加强外卖运营师等数字化人才体系建设的建议

以外卖运营师这一新职业群体为代表的数字化应用人才为生活服务业数

字化转型升级提供了重要的基础支撑。美团研究院的调研显示，外卖运营行业前景可观，83.6%的受访业内人士表示“外卖运营对商家作用很大，未来行业会蓬勃发展”，其中三成以上的商户认为餐饮运营将“走向精细化，急需更多专业化人才”。为此，需促进餐饮业等生活服务业数字化运营的规范发展，完善新职业就业的人才培养体系，加强中小商户的基础运营能力。建议重视下述几个方面的工作。

（一）完善外卖运营师等数字化运营新职业的行业标准

围绕外卖运营师等生活服务业数字化新职业的能力要求目前仅有团体标准，建议有关部门在现有团体标准的基础上进一步制定相关行业标准，对《中华人民共和国职业分类大典》中“电子商务师”分类进行优化，明确纳入外卖运营师等细分职业类别，为行业数字化运营人才的规范化、标准化发展提供权威依据，完善相应技能培训标准和技能等级认定体系。

（二）鼓励平台企业帮助中小商户提升数字化运营能力

本地电商平台企业在广泛触达中小商户方面具有明显优势。建议有关部门通过平台等媒介积极宣传数字化运营对促进商户提效增收的典型案例，提高社会对数字化运营职业的认可度。将中小商户经营者数字化运营能力建设作为稳定市场主体和稳定服务业就业的举措，联合平台企业开发数字化运营的基础与进阶课程，以提供专项补贴、专项小微贷款等方式支持广大中小商户参加平台课程培训，使更多的中小商户了解数字化运营的基本知识，掌握基本技能来提升运营质量。

（三）构建数字化运营人才培养体系，引导数字经济就业

除鼓励平台企业面向商户提供基本技能培训外，建议有关部门与行业协会、知名连锁企业共同组织公开课培训，补贴专业培训公司提供线下培训，支持多方参与构建数字化运营人才的培养体系。发展职业教育，在职业技能

学校的培养方案中增加线上门店运营、商业数据分析等相关课程，并与大型连锁企业、代运营公司等合作提供实训机会或开设实训基地，培养一批具备数字化运营能力和经验的青年高学历人才。通过搭建正规的数字化运营招聘应聘平台、提供定向就业补贴等方式积极引导部分应届毕业生了解或从事数字化运营工作。

（四）帮助商户经营者利用数字化工具提高运营管理效率

推广应用简便经济的数字转型工具和数字运营服务，有助于商户经营者快速提高数字化运营能力。为此，有关部门可为中小商户经营者购买数字化运营的软硬件设备、数字化运营服务等提供财政资金补贴或税收减免。

年度热词

人工智能训练师：是负责训练和指导人工智能系统的专业人员，需要具备深厚的计算机科学、数据科学和机器学习等方面的专业知识，以及较强的逻辑思维能力和问题解决能力。人工智能训练师的主要工作是利用大量的数据和机器学习算法，对人工智能系统进行训练和优化，以提高其智能化水平和性能，具体包括：数据收集和预处理、模型选择和设计、训练和评估模型、模型部署和维护等。

数字化解决方案设计师：是指负责设计和开发数字化解决方案的专业人员。数字化解决方案通常是指利用数字技术和信息化手段，为企业、组织或个人提供的解决方案，如电子商务、智能制造、物联网等。数字化解决方案设计师所需的技能和能力包括技术分析、系统设计、软件开发、项目管理、数据分析等，能够将复杂的需求转化为实用的数字化解决方案，并保证其符合客户的需求和预期。数字化解决方案设计师还需要不断了解和掌握最新的数字技术和市场趋势，以便为客户提供更加前沿和创新的解决方案。

碳汇计量评估师：是指负责对生态系统（包括森林、湿地、草地、海洋等）中的碳汇进行评估、监测和计量的专业人士。碳汇指的是生态系统中可以吸收和储存二氧化碳的地方。碳汇计量评估师通常需要具备相关的专业知识和技能，包括生态学、环境科学、气候变化、统计学等，能够对生态系统进行现场调查和数据采集，并使用各种计量方法对生态系统中的碳汇进行评估和计量。他们的工作可以帮助政府、企业和其他组织了解碳汇的数量和分布情况，制定和实施更加有效的气候变化和环境保护政策和措施。

云课堂：是一类面向教育和培训行业的互联网服务，使用机构无需购买任何硬件和软件，仅仅通过租用网络互动直播技术服务的方式，就可以实现面向全国的高质量的网络同步和异步教学及培训，是一种真正完全突破时空限制的全方位互动性学习模式。

解压师：解压经济是数字经济时代的新产业之一，解压师是由此产生的新兴职业，不同于心理咨询师，解压师主要是通过声音疗愈等不同的自然疗法的方式帮助客户缓解眼下的身心压力，并帮顾客更好面对自己内心最真实的想法，而不是提出建议、指出方向。

国家智慧教育公共服务平台：是中国教育部在推进智慧教育、促进信息化教育改革的背景下，建立的一个面向全国教育系统的公共服务平台。该平台的宗旨是提供教育信息化支持和服务，促进教育资源共享和协同发展，推动教育信息化深度融合。平台主要包括以下方面的内容：教育资源共享、教学管理支持、教学研究与创新、教育信息化应用推广。国家智慧教育公共服务平台是中国教育信息化建设的重要组成部分，是促进教育信息化改革和发展的关键举措。

■ 社会治理篇

数字化深度嵌入治理，智慧城市迈入新阶段

风险社会理论，最早是由德国社会学家贝克在1986年出版的《风险社会：走向新的现代性》一书中率先提出的。他认为，风险是人类在推进理性、技术等过程中必然出现的现象，“生产力的指数式增长，使危险和潜在威胁的释放达到了一个我们前所未知的程度”。

近年来，随着中国现代化加速推进，经济转轨、社会转型日益深化，社会正处于“风险共生”的矛盾集中爆发期：我们不仅面临着传染病、全球变暖带来的各种自然灾害等传统风险，从城市化的角度来看，中国还在不断涌现出由城市化带来的失业、交通堵塞、贫富分化等问题。而新冠疫情的暴发，更凸显了风险治理的重要性。

习近平总书记指出，治理和管理一字之差，体现的是系统治理、依法治理、源头治理、综合施策。在经济建设、政治建设、文化建设、社会建设、生态文明建设“五位一体”总体布局下，当前社会治理的主要工作，包括民生服务、城市治理、综合治理、环境卫生、应急管理，以及社会心理服务体系建设等。

在社会治理篇，我们观察到了风险之下，社会治理的三种逻辑：一是组织的逻辑，强调风险治理的组织基础。2022年，面对新冠疫情管控的变化，网格化和数字化两张大网在社区中细密铺排，起到了将风险在摇篮中解决的

作用，同时更好地推动基层治理从管理到服务的身份转变。数字化平台治理力量的补充，也很好地满足了特殊管控时期居民对物资的各种需求。二是制度的逻辑：在面对气候变暖、环境污染等风险时，各地都在试图通过建立碳普惠机制，将消费者个人纳入生态文明建设中的重要一环，将其生活方式向绿色低碳转型，打造“低碳共同体”。三是技术的逻辑：面对当下中国存在的综合性城市难题，如城乡发展不均、贫富分化、老龄化程度加深，以及交通堵塞等潜在风险，各地都在通过推动智慧城市运营，用数字化的手段推动问题的解决。

而在上述三种逻辑中，以大数据、区块链、云计算、人工智能等新兴数字技术为代表的数字化工具，是一以贯之的重要有机嵌入，也是国家治理现代化进程中不可或缺的重要手段。

随着数字科技的进一步发展和各地探索不断丰富，智慧城市发展的“数字大动脉”还将澎湃不息，健全社会治理体系，更好地抵御社会风险。在可以预见的未来，数字化社区、绿色转型、数智赋能城市，将彻底改变人类社会的组织形态和生产模式，让我们有更充足的底气应对未来的挑战。

“微网格”走入智慧社区，互联网平台助力保供

2022 年 8 月 25 日，一个寻常的上午，北京顺源里社区的张阿姨发现楼道里还有垃圾未清理。但她并没有像以前那样给包片的社工打电话，而是选择拿出手机，“扫一扫”单元口的“楼码”，用语音反映问题。楼码是这里每栋楼的“身份证”，张阿姨不需要再填写地址，后台可以直接定位，派单应对。

这是智慧社区治理的生动一幕。北京朝阳区左家庄街道从去年 4 月份开始就启动了“一码共治”机制，对辖区内 7 个社区、35 个小区、375 栋楼、1448 个单元，以及周边的 500 多家商户完成了赋码工作。通过楼码背后的电子台账，不仅让社区管理人员全面了解包片区内住户的类型、居住人数以及每栋楼内需要帮助的特殊群体的信息，还极大方便了居民反映问题，真正实现社区工作的“减负增效”。

这只是北京推进智慧城市的一个缩影。在建设全球数字经济标杆城市的目标推动下，北京着手推进智慧社区建设的顶层设计，给基层赋予了不少新上岗的“数字大脑”。回龙观、天通苑地区素有“睡城”之称，由于职住分离比较严重，交通拥堵一直是大难题。自从引入“数据大脑”，光选对路这一个动作至少能给居民省 10 分钟，居民们到达目的地还能享受错时共享停车，不必再绕着圈找车位，方便居民的同时，还能顺畅城市道路。还有大兴区的“政务晓屋”，其将政务服务延伸至社区、乡村、商务楼宇、党群服务中心等终端，布设在 5 个镇街的 8 台服务终端累计让群众少跑了 540 余公里，节约办事时间超过 1 万分钟。“省时、省力、省钱”的智慧社区生活，已经惠及多人。

工作人员在河北隆化县智慧城市数据大厅进行调度

作为智慧城市的“最后一公里”和治理的终端，智慧社区的建设也在飞速推进中。2022年，《关于深入推进智慧社区建设的意见》《关于开展完整社区建设试点工作的通知》（以下简称《通知》）等政策密集出台；据《通知》预计，到2025年，我们将基本构建起网格化管理、精细化服务、信息化支撑、开放共享的智慧社区服务平台，初步打造成智慧共享、和睦共治的新型数字社区。

与此同时，看似“冰冷”的数字技术背后，多了很多精准可感的人性化服务配合，让邻里温情长存，让治理带着温度。

在浙江城镇治理实践中，已经新出现了“两张网”的治理结构，将精准和人性化做了扎实的融合。其中，一张网正是时下进行得如火如荼的数字化基层治理网络，另一张则是由“微网格”构建起来的基层治理网络。两张网络相互支撑，让虚拟的数字空间跟真实的社会空间交织融合，成为一张细密高效的“治理之网”，大大提高了社区的治理效率。

2022年初，浙江省宁波市海曙区望春街道有着1.6万常住人口的清风社区遭遇疫情，但社工和志愿者仅用两天就完成了人员排查和上门服务的相关工作。背后的秘密武器，就在于这“两张网”。一方面，通过一体化的公共数据平台，各级区镇的排查数据可以及时流转到各网格，网格员就能及时获取信息，精准对接相关人员；另一方面，清风社区也通过数字化大大充实了人手——通过收集数据，当地建起了应用“活地图”，这一应用将辖区内的345名党员和多名志愿者的居住地址和联系方式都做了标记。在紧急情况下，这些成员都能够很好地支撑社区工作。党的二十大报告提出，要“完善网格化管理、精细化服务、信息化支撑的基层治理平台”。颗粒度更细的网格化管理，已经成为时下基层治理必不可少的重要武器。

“两张网”的存在，打破了相对固化的居住现实边界，居民也越来越受益于其构建的数字化空间，并从中感受到了邻里温情。在嘉兴，就有一个集纳了6000多个网格的小程序“微嘉园”，其日均活跃用户在40万左右。嘉兴居民们只要扫码注册，即可加入其所属网格，大家可以自由交流，发布需求，系上人际关系的纽带。

“微嘉园”上曾有一个“口罩援助”项目，社区里缺口罩的居民可以在这里发布需求，有多余口罩的居民则会进行分享。据统计，大约有6万个口罩通过“微嘉园”进行调剂。不仅如此，“微嘉园”还有邻里互助、爱心义卖等公益慈善活动，实现了“家门口的慈善结对”；更有一些社区内有书法特长的老师举行书法培训班，进行义务教学，充实了居民的业余生活，也让大家收获温暖的邻里情。

“微嘉园”这类网上社区的出现，不仅仅是基层治理的有益实践，更是一场通过数字空间重构城市熟人社会的重要探索。

在社区实现善治，还需要更多合力。“十四五”规划明确提出，推进智慧社区建设，要依托社区数字化平台和线下社区服务机构，建设便民惠民智慧服务圈，提供线上线下融合的社区生活服务、社区治理及公共服务、智能小区等服务。

其中，互联网平台企业发挥了保障民生的重要作用。2022年，多地疫情散发，物资供应的“最后一公里”配送问题让生鲜电商平台的“前置仓模式”被大众看到。具体来说，前置仓跟远离消费人群的传统仓库不同，是把小型仓库建在距离消费者1.5—3公里的范围内，主要存储生鲜、蔬果以及各类快消品。这一模式可以保证商品及时送达到消费者手中，实现“30分钟快送”。由于这种仓库只完成商品储存—流转—配送的环节，无需消费者线下挑选，因此可以最大限度降低人员集聚，阻隔病毒传播。

2022年4月，交通运输部等五部门联合发布《关于加快推进冷链物流运输高质量发展的实施意见》，鼓励生鲜电商、寄递物流企业加大城市冷链前置仓等“最后一公里”设施建设力度，在社区、商业楼宇等设置智能冷链自提柜等，提升便民服务水平。

同月，时值上海疫情防控关键时期，美团、拼多多、阿里、京东等多个互联网公司从各地增调人员和设备，驰援上海保“沪”抗疫。在助力上海保

疫情下的骑手正在送货

供的过程中，企业的创新经营模式让居民们感受到了极大的便捷。

例如，麦德龙与数字零售合作伙伴多点 DMALL 上线了“虚拟门店”服务，该项服务将门店配送范围从原来的 5 公里扩大到 10 公里，消费者可以在线上挑选经过精准设置的刚需物资，依靠大数据助力社区协调紧张的运力资源。

盒马推出了“流动超市”，精准触达“最后一公里”。具体的办法是，让团长筛选出需求量较大的几十种商品，盒马每周两次配送至小区，按照小区的每栋楼进行卸货，再让志愿者送到消费者手中。在居民日常基本生活需求得到满足的情况下，盒马的“流动超市”也在不断推出小龙虾、咖啡、可乐、鲜花、宠物用品等改善型商品，以更好丰富市民们的生活。

作为扎根上海的高科技互联网零售企业，美团除了保障物资供应以外，还在最大限度保证市民生活便利方面下足了功夫。4 月 3 日，美团外卖紧急开通了“应急帮手”服务，旨在帮特需人群解决困难。例如，家中如果有老人、孕妇、残障人士等特殊群体需要帮助，美团外卖会优先进行响应，此外，“应急帮手”还可以为市民提供社区团餐、商超买货、送药上门和跑腿帮忙等服务。

5 月 7 日，美团为在上海防范区居住的居民们上线了“社区剪发”预约产品。几天后，一条短视频突然火了：一名小提琴手拉着《孤勇者》，旁边

发型师苏然社区剪发现场和预约界面

是一位居民在小区空地悠然理发。有网友赞叹，这样的“露天理发场”，理出了上海的风格。

视频走红的背后，其实是线上平台和线下力量的交织。视频里的理发师名叫苏然，他在看到美团工作人员在朋友圈发的“社区剪发”产品招募贴后，第一时间跟居委会沟通报名。在居委会和居民们共同努力下，社区半天时间就筹集出了剪刀、梳子、推子、吹风机、儿童剪发推，甚至还有专业的全身镜、转椅、理发围裙等，搭建了一个极简版社区理发店。截至5月14日，已有500多位发型师踊跃报名参与美团“社区剪发”，覆盖沪上400多个社区。

2022年末，随着新冠病毒感染被调整为“乙类乙管”，国家新冠疫情防控动作随之变化，民众对退烧药、退烧贴、抗原、体温计等药物和器械需求增长。全国药企加足马力开工生产，都难以缓解一时之需。面对如此严峻局面，互联网企业争先拿出“大厂速度”，给出独特的解决方案，为社会治理贡献一分力量。

腾讯推出的新冠防护公益互助平台页面

“我有对乙酰胺氨基酚六片，在×××附近的可以联系我”，“急求儿童退烧药!”……12月19日，腾讯推出的“新冠防护公益互助平台”迅速火遍全网。在这个解人们燃眉之急的小程序里，需要药物的用户可以通过“我需要药”发布求助信息，填写自身所在位置、联系方式和求助说明等信息，就可以把需求放到信息广场中。而有多余药物愿意分享的用户则可以点击“我有多的药”，进行分享。

这一小程序是由腾讯出行和腾讯地图共同开发的，基于位置定位功能，用户们会在首页看到距离自己最近的求助信息和分享信息，有助于在线下达成“有药人群”和“缺药人群”的精准对接。上线不到 2 天的时间，这个公益互助平台就迎来了超百万次访问量。

通过这个小程序，数百万素未谋面的陌生人展开了一场“互联网互助运动”，在特殊时期温暖了彼此。12 月 23 日，居住在长沙县的陈先生刚一退烧，就发现朋友发来的小程序里，有两位同小区的邻居急需药物，他立即联系对方并且送出药品。随后，他在社交平台分享了自己的喜悦，“今天帮助了两位邻居，很开心”。这种正向反馈如滚雪球般在社交平台出现，吸引着更多的人加入“送药侠”的队伍。受到这种社会风潮的感召，类似的画面还在全国各地不断上演，越来越多的小区里也涌现了“共享药箱”，家家户户守望相助，让多余的药物资源流动起来，筑牢了社区疫情保障线。

由互联网串起的数字网络，正在把曾经原子化的个人通过线下社区凝聚起来，形成互帮互助的社会共识。

除了用药互助方面，互联网问诊等“云医疗”也没有被落下。阿里在淘宝 APP 天猫买药处，设置了含发热问诊、关爱专科、慢病守护、用药咨询、码上放心等人们生活所需的五大方面。例如，“发热问诊”就针对成人和儿童分别设立了问诊服务，有来自全国公立三甲医院的医生 24 小时不间断在线接诊；“慢病守护”则会为需要的患者提供慢病药品 12 周备药的一站式支持。

这些来自方方面面的微小支撑和帮助，组成了一整张数字化社会治理的蓝图。数字流动之上，蓝图并不冰冷，反而充满了人性的温度。

延伸阅读

疫情期间，美团如何助力北京保供？

2022 年 4 月，北京暴发一波本土疫情，部分区域商超短时间内出现了市民抢购和囤货情况。在这个过程中，北京早早建起了日常物资保障体系，国有企业担当重任，多家电商企业积极参与。其中，美团利用线上线下两大渠道，提高了供应效率，最大限度发挥了保供能力。

保供期间，针对肉禽蛋奶果蔬等采购量大的商品，美团买菜按照日常消费的3—5倍进行备货，并进行滚动补货，确保站点库存充足，价格稳定。且配送时间延长至24点，尽可能保证当日订单当日送达。

美团买菜备货区

针对北京区域的生活物资供给保障，美团闪购联合北京市内近2万家连锁商超、便利店以及日用百货类商家加大备货，其中，物美、京客隆、家乐福、永辉等商超按日常库存量的5倍备货。美团买菜则集中调度美团在北京地区的仓库和货物资源，分拣人员增加70%，全面提升即时保供的服务能力。

在政府有关部门指导下，美团配送在临时管控区内启动“内循环”式的独立外卖配送服务。骑手的配送和住宿都在管控区内闭环，核酸实施一天一检，在办理管控区通行证后可持证在管控区内配送生活物资。“内循环”模式在打通生活物资配送“最后100米”的同时也解决了骑手的后顾之忧。

而美团配送各站点均设立骑手健康状况台账，每天对骑手进行核酸登记和体温测量，跟踪骑手健康状况。骑手配送全程需佩戴口罩并及时进行餐箱消毒。联合属地街道党工委设置抗疫补给站，提供防疫生活物资，区内有应急需求的外卖骑手、医护人员、社区志愿者均可免费使用。

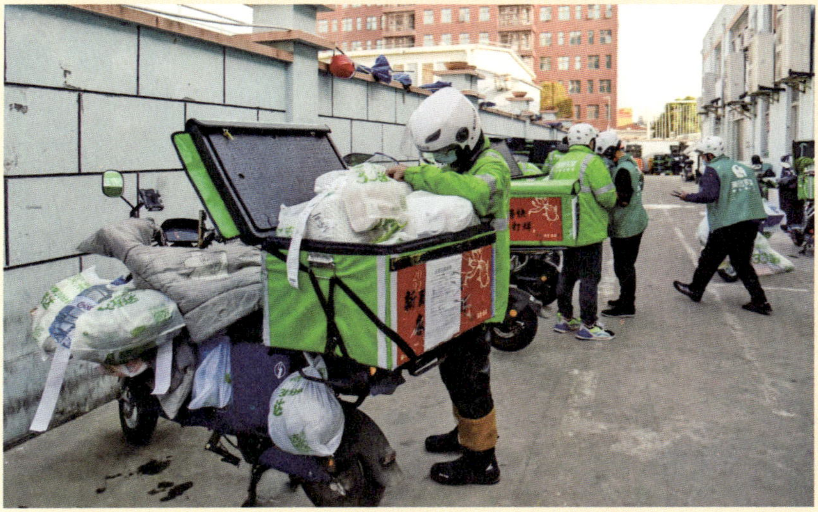

骑手正在配送菜品

针对特殊时期的药品供给问题，美团买药联合全市超2000家本地连锁药店保障供给充足，部分门店的常用药铺货量为日常的2倍，老年人慢病用药及儿童用药铺货量为日常的3倍。全力支持药店开通24小时线上购药配送到家的服务，并提供药品订单专属配送运力。目前已联合400家门店开通线上24小时药店，覆盖北京16区。此外，美团买药安排了24小时在线医师和药师，帮助不便外出去医院的用户解答健康问题。

数字化助力绿色消费，碳账户引领低碳生活

随着温室气体的持续排放，全球气候变暖所带来的极端气候事件层出不穷：海洋变暖加剧、冰川加速融化、水资源持续短缺……2022 年，中国各地出现了程度不一的城市旱涝灾害，对基础设施和居民生命都造成了一定的破坏。

要想从源头上减少相关灾害的发生，就要减少温室气体的排放。如果人口超过 1000 万的一、二线城市居民能普及低碳的消费方式，那么预计到 2030 年，平均每个居民的减碳潜力至少可达 1129.53 千克。《大型城市居民消费低碳潜力分析》报告测算的这一数据表明，个人绿色消费的减碳潜力巨大。

“绿色消费”也称为可持续消费，是指以节约资源和保护环境为特征的消费行为，在人们生活中往往表现为勤俭节约，为了降低消费过程中的资源消耗和污染排放，而选择更为环保的产品和服务。

中国科学院的一项研究指出，在我国的碳排放总量中，消费端碳排放占比已达 53%。而根据发达国家经验，后工业化社会居民生活消费产生的碳排放约占碳排放总量的 60%—80%，是碳排放的主要来源。随着中国城镇化的继续推进、居民收入水平的不断提高，未来我国居民消费端的碳排放总量不容小觑，居民生活方式向绿色低碳转型刻不容缓。

党的二十大报告提出，“积极稳妥推进碳达峰碳中和”。当数字技术在向各个场景深度渗透的同时，也在深刻影响着生活方式的转变。从蚂蚁森林游戏的常年走红，到共享单车骑行的绿色积分，再到各地鼓励绿色消费出台各

种激励政策，低碳意识已悄然进入人们的生活，对人们方方面面的消费选择都产生了影响。

这是日常生活中随处可见的一幕：打开美团 APP，选中产品后进入结账页面，消费者会发现餐具数量栏会有一行绿色提醒，“选‘无需餐具’，减碳 38g”。消费者确认后，商家送餐时将不附带一次性餐具。

这是美团发起“青山计划”后上线的产品功能，通过将“绿色”嵌入产品设计，推动行业一次性塑料餐具消耗强度下降。“这个功能被设置在选红包、填备注的附近，很明显。”希望减少海洋垃圾的美团用户姜姜非常支持这个计划，她坚持自备餐具已经五年了。

除餐具以外，防止食物浪费也是绿色消费设计中的一环。世界资源研究所估算数据显示，中国每年因食物损失与浪费产生的温室气体排放量约为 11 亿吨。为了减少浪费，促进低碳减排，同时满足消费者多样化的点餐需求，美团推动商家上线“小份饭”和“小份菜”。据《2022 年小份菜洞察报告》显示，美团提供小份菜的商户数与相关菜品数量比 2020 年增长了近一倍，小份菜销量同比 2020 年增长了 114.5%，2022 年，“小份”这个关键词

美团“一起扫光盘”活动页

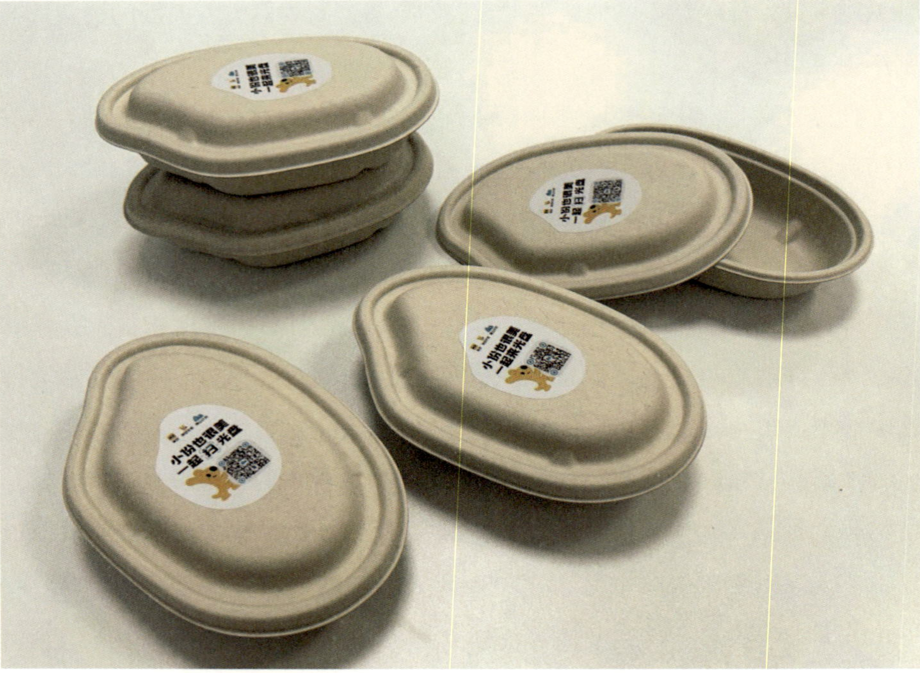

美团外卖小份饭餐盒

在美团的日均搜索量超过 13 万次。

清华大学环境学院教授刘建国指出，每售出一份小份米饭，平均可减少约 92.4 克碳排放，在节约粮食的同时也成为一种低碳新主张。

无独有偶，饿了么也把“小份餐”纳入用户碳账户，消费者下单符合低碳的“小份餐”将会获取碳积分（减碳量），并可兑换相关权益。80%的饿了么平台用户表示，增加小份选择后可以将餐食全部吃完，在没有小份餐选择的情况下这个比例是 56%。

那么，这个碳积分具体如何计算呢？以火遍全网的螺蛳粉为例，一份重约 700 克的螺狮粉，碳排放大致为 2.6 公斤。其中食材和运输的碳排放占比超过 70%，烹饪阶段的碳排放约占 10%，包装约占 4%，外卖配送约占 3%，厨余处置约占 6%。

这意味着，如果用户选择小份螺蛳粉并且全吃完的话，可以减少碳排放约 800 克。

各地探索推出碳账户的背后，其实是构建整体性韧性治理体系的需求。通过“碳普惠”机制这种顶层设计，可以促进人与人的协作和整合，从而更好筑牢城市碳达峰碳中和的社会基础。

2022 年 8 月 19 日，国家发展改革委、国家统计局、生态环境部印发《关于加快建立统一规范的碳排放统计核算体系实施方案》，该方案提出，到 2023 年统一规范的碳排放统计核算体系要初步建成。到 2025 年，统一规范的碳排放统计核算体系进一步完善，为碳达峰碳中和工作提供全面、科学、可靠的数据支持。

而碳减排量作为类货币性质的环境资产，必须要由账户体系来承载。因此，应运而生的碳账本作为新时代的基础设施建设，成了碳普惠制度的核心。数据显示，截至目前，已有超过 21 个省市将研究探索个人碳账户、碳普惠机制纳入地方发展文件要点。

在这些城市中，成都可能算是动作最快的一个：早在 2020 年，成都就成为国内首个提出“公众碳减排积分奖励、项目碳减排量开发运营”双路径碳普惠建设思路的城市。2022 年 11 月，成都进一步发布了《成都市深化“碳惠天府”机制建设行动方案》。

在《行动方案》中，成都政府对于公众绿色出行、低碳消费、参与低碳环保活动等行为的常态激励是一大亮点。据相关负责人介绍，青城山—都江堰、西岭雪山每年将各提供 1 万张免费电子门票，金沙遗址、武侯祠等市属主要文化场馆和景区每年将各提供 5000 张免费电子门票，成都交投集团每年提供 20 万张 5 元停车优惠券，成都城投集团不限量提供家用燃气具免费安全检查服务，均用于公众碳积分兑换。

目前，“碳惠天府”的线上碳积分场景已拓展到 15 个，其中 7 个为 2022 年新增，包括大件垃圾回收、公交地铁出行、绿色医疗、房政通服务、生活缴费、垃圾分类、光盘行动打卡。到 2023 年，“碳惠天府”的目标是突破 200 万的用户规模。

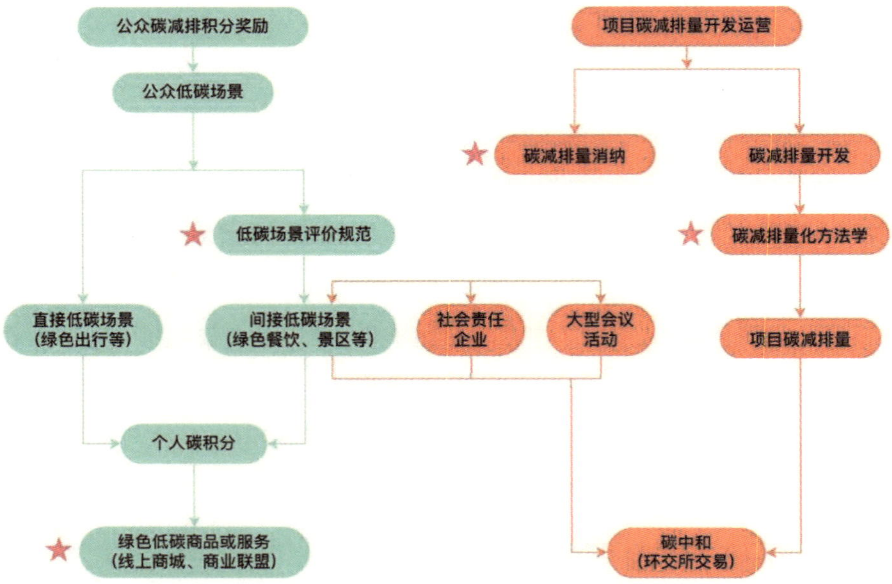

“碳惠天府”碳普惠机制“双路径”流程图

资料来源：成都市人民政府。

改变不只发生在成都。2022 年 6 月，深圳供电局和深圳排放交易所联合推出了“碳普惠”小程序，这是国内首个居民低碳用电“碳普惠”应用。该应用可以帮助居民计算出家庭减少的二氧化碳排放量，居民可以用减碳量换取积分。

到 2023 年，深圳排放权交易所还会将“碳普惠”小程序积分接入深圳碳交易市场中，供社会团体和企业购买以抵消自身碳排放。届时，深圳居民就可以通过自身绿色低碳的生活方式，自由兑换礼品卡、地铁出行卡等权益。这标志着，个人减排量正式有了资产属性，深圳居民也将率先成为“卖碳翁”。

越来越多的金融机构，如建设银行、平安银行、中信银行、华夏银行等都已建立起依托银行金融系统个人碳账户，将居民的绿色出行、绿色消费等低碳行为折算成碳积分，给予居民礼品和服务兑换等权益，促进居民绿色生活。

例如，平安口袋银行APP的个人碳账户平台“低碳家园”，就尝试将个人绿色行为与借记卡和信用卡业务挂钩，实现绿色行为和减碳量的记录和量化。用户可通过日常生活中15项绿色行为享受碳减排量和绿色能量的双重价值体系，该平台也形成了低碳出行积分兑换单车券、公交地铁券、数字藏品等绿色权益的流量闭环。

当然，我国碳市场建设整体仍处于初期阶段，“个人碳账户”刚刚开始试点建立，用碳积分换取经济利益并非真正目的，通过各种设置，引导民众提高民众节能降碳意识，培养绿色低碳生活方式才是真正的目的。

“碳普惠”小程序页面

数据显示，未来10年内，中国城镇化率有望达到70%。随着城镇化率持续提高，城市能源消费量还将进一步增长。随着时代不断发展，新一轮绿色生活变革正在深刻进行，身处其中的每一个人，都会感受到这股绿色浪潮。

延伸阅读

骑行减碳成热潮

下班后扫一扫共享单车，解决通勤的“最后一公里”问题；周末跟家人一起骑着单车，感受城市公园绿道的闲适；骑行穿梭在城市的大街小巷，打卡周边的网红集市……近几年，低碳热潮催生了“骑行热”，骑行大军们在多个城市化身一道道流动的风景线。

各地政府打造“骑行友好城市”，也成了这股潮流背后的重要推动力。生态环境部等部委此前联合印发《减污降碳协同增效实施方案》，提出要加强城市慢行交通系统建设。在这个过程中，越来越多城市引入共享单车和共享电单车，居民绿色出行意愿不断提升。以北京为例，2022 年北京骑行比例创下十年新高，全年累计骑行量达 9.68 亿人次，同比增长 1.66%。

助力骑行热潮的共享单车带来的低碳效应不容小觑。2023 年 3 月 25 日“地球一小时”当天，生态环境部宣传教育中心联合美团单车发布“一人骑行减碳一吨”行动第一年成绩单。美团数据显示，自该行动发起以来，通过共享单车和共享电单车骑行累计减碳实现 1 吨小目标的用户，已达 3111 人，同比增长 17 倍。2022 年，美团用户通过骑行实现减碳量达 45.5 万吨，相当于 9100 万棵树一年的减碳量。

步入 2023 年，随着疫情管控的放开，骑行热不但没有如露营、飞盘等活动一样退潮，反而出现了骑行赏春的新场景。美团数据显示，今年 3 月以来共享单车和共享电单车骑行量涨幅明显。在成都天府绿道、武汉东湖樱园、上海徐汇滨江骑行线等地，处处都是踏青赏花，骑行享受美好春光的游客。在合肥工作的小杨就发现，共享电单车是不错的赏春出行方式："周末路上车很多，去公园踏青，骑共享电单车省劲还不堵车，一路上看着路边玉兰花开得灿烂，心情也好。"

市民正在骑行共享单车

除了践行低碳经营，助力社会减排外，美团还与深圳牵头制定减排量核算方法，为地方碳普惠体系的规范化提供支持。2022年12月，美团与深圳联合发布《深圳市共享单车骑行碳普惠方法学（试行）》，这是第一个以共享单车命名的碳普惠方法学，其主要核算深圳市民通过共享单车等交通工具，每次出行的减排量。

通过量化市民们通过骑行这种绿色生活方式所产生的消费碳减排情况，可以更好地激励大家自愿加入减排行动，为环境治理提供有益探索。

智慧城市走向精细运营，后发地区迎来发展良机

足不出户，就可以通过互联网看病买药，还能进行医保报销；开车穿行在城市道路上，各类数据瞬间汇聚在司机眼前；就业、教育、医保等不同领域业务，在一个平台就能一次办理……一张无形的庞大智能网络笼罩之下，数字科技正在静水深流地改变着市民们的生活。

“让城市更聪明一些、更智慧一些。”作为一种新型城市发展形态和治理模式，智慧城市从 2008 年的概念提出到如今的实践，历经十多年的建设和

安徽省淮北市不动产登记大厅，工作人员向办事群众宣传一网通办“不动产登记 + 电力联动过户”业务

发展，已经被社会广泛接受和认可。据《智慧城市运营白皮书（2022）》，全国智慧城市试点超过700个，且95%的地级及以上城市均提出或在建智慧城市。在这个大背景下，智慧城市的运营取代了建设，成为发展新阶段的主题。

在上海静安区，困难群众们深感自己的城市生活“快”了起来。

原先，当他们想享受医疗救助政策，不得不到线下窗口提交20多种材料。而现在，得益于“一网通办”的推行，当困难群众持卡就医，“一网通办”会在后台自动触发救助服务流程，调取政府数据库的重点材料，同时把任务单推送给接诊的经办人。由此，“一网通办”成了实实在在的政务数字化助手，让群众办事就像网购一样方便，上海每月救助事务的办件量也在不到一年内激增了6倍。

这个智能小助手，也让上海社会对新生儿的接受来得更加愉快。曾经在上海，每一个新生儿的呱呱坠地，就意味着有一位孕妇或者其家属要花上几十天，跑多个部门，才能把出生医学证明、儿童预防接种、户口登记、社保卡办理、医保参保登记、医保缴费、领取就医记录册，以及产妇需要办理的生育医学证明和生育保险待遇申领等9项事项办理下来。

但现在的“一网通办”平台，集成融合了9个业务办理系统、5个政务服务平台、6个数据资源库和5类通用服务功能，打通了40余种数据接口，通过流程交互、数据流转、信息共享、证照调用，构建了一体化联办系统，从原先的办理多个手续，变成了现在的出生“一件事”，实实在在地做到了“让数据多跑路，让群众少跑腿”。

要实现超大城市治理的现代化，还需要一张数字化大网进行城市管理。在数字化的帮助下，上海用“感知系统”和“城市大脑”武装治理水平，通过“一网统管”达到“一屏观天下，一网管全城，一云汇数据，一人通全岗”的管理水平。近几年，上海进一步叠加了“城市生命体征系统”，实时为城市做“体检”，强化问题感知，做到城市风险早发现、早预警、早研判、早处置。2022年1月3日，恰逢元旦假期最后一天，从崇明返沪的车流量较大，造成部分地区交通堵塞。在市城运中心的可视化大屏上，城市运行数字体征系统第一时间就对交通发出预警，交通这一项的指标转变为黄色。很快，通过“一网统管”，公安、交通等部门进行协同处理，就让市民恢复了有序出行。

此外，美团联合上海发布的全国首个政务领域生活服务数字平台“城市美好生活数字体征系统”，更是补上了城市治理的一大重要空白。这一系统依托美团的全业务链支持，涵盖了市民生活服务领域的吃、住、行、游、购等 6 个大类，详细展示了各街道、商圈的消费视窗。

城市美好生活数字体征系统首页

通过数字体征系统，治理者可以对城市方方面面的运行尽在掌握，不仅能在公共安全、社会治理等方面调度资源，提升管理水平，还能更加精准地在发现市民需求上研判形势，从而撬动消费，助力城市发展。

2022 年 6 月，国务院发布的《关于加强数字政府建设的指导意见》提出，加快推进城市运行“一网统管”，探索城市信息模型、数字孪生等新技术运用，提升城市治理科学化、精细化、智能化水平。2021 年 12 月，中央网信办印发《“十四五”国家信息化规划》，强调要“有效提升城市运转和经济运行状态的泛在感知和智能决策能力。推行城市‘一张图’数字化管理和‘一网统管’模式”。在政策鼓励下，越来越多城市投身“一网统管”建设，深圳、东莞、成都、宁波、南京等城市纷纷加入，各地掀起“一网统管”建设热潮，越来越多的特大城市变得“透明可控”，更具韧性。

城市数字化并非是大城市的专属红利，其对中小城市的赋能也不容小觑。位于内蒙古乌兰察布的陈东辉对此感慨万千，“家乡正在被大数据改变，自己感觉到很骄傲”。

现在的他，就职于当地的通信公司，每天的主要工作就是接通移动公司客户打来的电话，并予以反馈，每个月基本都能拿到7000元以上的薪酬。可以说，这一岗位就是大数据产业带来的结果。

数字化改变的，不仅仅是普通人的生活水平，更是一座城的精神面貌和发展前景。内蒙古乌兰察布市早早就抓住了数字化改造的历史机遇，成为全国一体化算力网络国家枢纽节点内蒙古枢纽节点城市之一。2023年2月28日，在由中国通信工业协会数据中心委员会主办的“算力产业高质量发展大会暨数字产业高质量发展论坛”上，乌兰察布市被授予“东数西算”标杆荣誉称号。

这座曾经并不起眼的城市，在新时代下反而脱颖而出：常年气温较低，号称“中国草原避暑之都”，因而能让数据中心用自然冷源制冷；地质结构稳定，面积广袤，是建设大型数据中心的理想区域；当地有效风场面积占全

乌兰察布草原上的风力发电机组与太阳能发电装置

国的十分之一，绿色能源供应充足……在优越的自然条件、能源条件等优势叠加下，乌兰察布抓住了数字化的战略风口，已经成为一个熠熠生辉的中国城市发展新样本。

最新数据显示，乌兰察布已签约落地17个数据中心企业，共计26个数据中心项目。投资规模约为732.1亿元，服务器签约规模约419.1万台。截至2022年底，建成和在建的数据中心15个，其中超大型数据中心10个，投运服务器20万台，服务器上架率达40%。这座旧日小城，已经变成了公认的"草原云谷"。

过去几年间，乌兰察布前后斩获"最适合投资数据中心的城市和地区""数据中心产业发展示范城市""中国数据中心新基建先锋城市园区奖"等知名奖项，其培育发展大数据产业的经典经验受到国务院通报表扬。当地一位市民自豪地说，"很多人觉得，这座城市特别高大上，科技含量越来越浓了"。

随着城镇化进程持续进行，智慧城市建设进一步下沉深入，其数字技术与中小城市乃至各县域特色产业和优质资源充分结合，可以有效拉动经济实现增长。广大农村地区如今也已经接入数字经济时代的"信息大动脉"。2023年发布的《中国数字乡村发展报告》显示，截至2022年底，5G网络覆盖所有县城城区，实现"村村通宽带""县县通5G"。

2023年2月，中央一号文件指出，要深入实施数字乡村发展行动，推动数字化应用场景研发推广；加快农业农村大数据应用，推进智慧农业发展。在黔北山区，多个乡县已经用上了智慧农业系统，重塑其传统的农业生产方式。贵州余庆县长坪生猪场就采用了"云上畜牧"APP，通过每只猪的耳标实时采集体温和运动数据，有效监测猪的健康状况。

猪场负责人费如芬表示，"以前发现猪生病，往往靠观察是否有厌食、拉稀等症状"。但当这些症状出现，往往已经错过了猪的最佳治疗期。因此，通过大数据系统，出现异常的猪耳标就会亮起红灯，并上传到"云上畜牧"后台，向负责人发出预警。这一系统，让长坪生猪场上一批猪的存活率提高到了96%，大大节省了饲养期间的人力物力。

此外，还有贵州铜仁市的羊肚菌智慧农业管控系统，河南省鹿邑县的无人机喷洒农药，甘肃临夏市的国际鲜花港智能温室……这些数字乡村的产物，充分彰显科技助力乡村发展的中国智慧。

在数字化浪潮下，曾经千百年来的农村传统生产、生活方式不断被重塑，城乡差距、收入差距、治理差距等旧日鸿沟，正在被逐步拉近。

延伸阅读

上海开启数字养老"微探索"，基础设施升级成"助老伙伴"

当数字化浪潮轰轰烈烈向前奔涌，对于信息获取处于弱势的老年人，往往跟不上时代的潮流，成为"掉队"的一员。网购、平台登记、二维码等各种由数字化带来的便利，也成为他们眼中的"不便"。如何填补数字鸿沟，让每一个老年人融入数字时代，享受生活便利，已经成为城市发展的题中之义。

对于上海这座数字化程度较高，同时老龄化程度较深的城市而言，如何服务老年人等数字弱势群体，协助其共享数字化发展成果，已经成为上海全面推进数字化转型的一项重要的职责和使命，而这需要政府、企业和机构组织等各方共同使力。

为了让更多老年人迈过"数字鸿沟"，早在2021年，上海就发布了"数字伙伴计划"，主要包含推动开发者进行APP适老化改造、倡导厂商研发推广适老化产品、凝聚各界力量志愿帮助老年人提升数字化能力三项行动，同时招募老年"数字体验官"，对相关网站、APP的适老化改造进行测评。

2023年，上海还在着力打造综合信息服务平台"智慧守沪"平台，以"一亭一号一网"为基础，将数字公话亭、114助老热线、魔都在线等与云端服务融合，在底层通过共享服务的能力进行链接，构筑起从城市到社区再到家庭的“15分钟生活圈”。

在上海的大街小巷，数十个有着智能触控大屏的数字公用电话亭悄然现身。这些时尚的红色“老友亭”，正是从老式的电话亭更新而来。从2022年起，上海启动了公用电话亭的数字化升级，除保留插卡通话功能、拓展手机充电功能外，还通过电子屏幕、智能摄像头等设备，纳入了一键叫车、预约挂号、15分钟生活圈、养老金查询等民生应用。

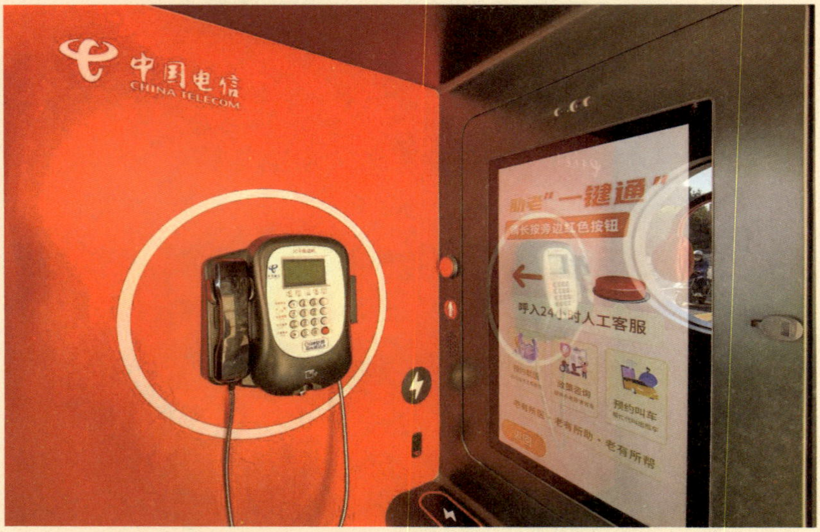

上海街头的电信“Hello老友亭”

这些电话亭操作起来很是便利。例如，点击屏幕“一键叫车”，输入手机号发出叫车需求，附近的巡游出租车司机很快接单并来到电话亭所处的停车点位。等待期间，屏幕上会显示出租车车牌号、距离、预计到达时间等信息。这项服务也支持“刷脸”叫车；点击屏幕上的“守望相助”，老年用户通过刷脸确认此前预设的紧急联系人或输入家人电话号码，尽快与家人取得联系；对方则可获悉老人所处位置，并通过公用电话尽快联系老人；点击“15分钟生活圈”，人们能从屏幕地图上查询到附近医院、文旅场所、社区食堂等点位信息。此外，电话亭还引入手机有线和无线充电等功能。

预计到2023年底，这种数字公用电话亭将达到500个，到2025年达到1000个，从而更好地支持市民应急等多重需求。

■专家观点

智能治理的中国内涵及路径

孟天广

清华大学社会科学学院政治学系长聘教授

面对人工智能等新兴科技的迅速发展，塑造面向智能时代的治理模式，成为推动中国国家治理体系和治理能力现代化的重要命题。

智能革命加速社会演化

人类社会进入工业革命以来，现代化成为世界各国文明发展的共同目标。在数次科技革命的驱动下，世界各国探索着多样化的现代化道路，经历着从传统社会向现代社会的变迁，促进着人类文明的演化和发展。经典现代化理论来源于对欧美先发国家现代化经验的归纳提炼，伴随着全球化进程从欧美现代化的“地方性知识”拓展为所谓适用于后发国家的“普遍性知识”。而过去三个世纪的全球现代化历程表明，人类社会的现代化路径并非连续的、线性的、单一的，先发国家和后发国家、西方国家和东方国家、资本主义和社会主义国家面临着迥异的资源禀赋、制度形态、文化价值和国际格局，实践着既具共性又模式各异的现代化路径。

伴随着第四次工业革命走向纵深，以人工智能为代表的科技革新正深刻影响着人类社会经济发展和现代化进程。社会大众对人工智能的认知大多始于2016年初的人机大战，AlphaGo战胜了围棋世界冠军、职业九段棋手李世石。这一胜利震惊全球，让人类认识到专用人工智能的潜力。2022年11月，ChatGPT智能聊天机器人横空出世，展现出强大的自然语言理解和文本生成能力，通用人工智能成为现实，引发了全球社会对人工智能革命的关注和热议。

人工智能概念及其相关技术可以追溯到20世纪50年代，甚至要早于80年代末出现的互联网。进入21世纪，得益于数据的海量积累、算力的显著提升、算法的优化升级，人工智能迎来了蓬勃发展的黄金时期。目前，人工智能技术大致可以归类为四个领域：视觉技术、语音技术、自然语言理解和规划决策系统，其中后两者被视为衡量人工智能水平的重要参照。受益于深度学习的发展，视觉技术让计算机像人一样能“看”懂图片、视频等图像资料，被广泛运用于人脸识别、图片分类、图像生成、自动驾驶的视觉输入系统等。语音技术旨在让机器拥有“听”和“说”的能力，从而实现机器与人的语音交流，得益于深度神经网络在声学模型中的运用，机器语音识别能力得到显著提升。自然语言理解旨在让机器能够理解人类所表达的意思，并做出合适回应。ChatGPT即是基于自然语言处理技术，能够理解人类语音所表达的意思，实现更深层次的人机互动。规划决策系统旨在让机器拥有像人一样的规划与决策的能力，当前已经被应用于自动驾驶、智慧城市、决策分析等领域。

近期，社会各界对ChatGPT的热议预见了通用人工智能时代的加快到来，人工智能被人类寄予厚望，希望其能够模拟和扩展人的智能、辅助甚至代替人类实现多种功能，包括识别、认知、分析和决策等。目前，诸多人工智能技术已经广泛应用于经济社会和国家治理各个领域，譬如人脸识别、语音识别、图像识别、自动驾驶、对话机器人、智能决策系统等。人工智能时代的来临为中国式现代化提供了新的内涵。人工智能等新兴科技如何加快推进我国治理体系和治理能力的现代化进程，形成适用于智能时代的中国式智能治理模式成为新时代中国式现代化的时代命题。

智能治理内涵

以人工智能技术为代表的第四次工业革命，在全球掀起了社会革命的浪潮。第四次工业革命与我国“第五个现代化”——国家治理体系与治理能力现代化叠加并进，在二者交错发展的“社会实验”中，智能技术和治理实践的深度融合与互促推进，凸显出智能时代我国治理模式的引领性发展。智能治理正反映了这一过程中机器系统和社会系统的深度融合与协同治理，以及机器智能和社会智能的同步演化、互相强化。目前，人工智能技术已被应用于国家治理、城市治理和社会治理等多样化治理场景，智能治理模式、技术和方法正在快速迭代发展。

我国高度重视智能治理。早在 2017 年 7 月，国务院印发《新一代人工智能发展规划》时就提出，要促进人工智能技术在多样化治理场景中的应用，推进智能政务、智慧法院、智慧城市、智慧交通应用，从而支撑治理现代化。同年 10 月，党的十九大报告在全球首次提出实施智慧社会战略，提升社会治理智能化水平。2021 年，“十四五”规划和 2035 年远景目标将人工智能技术及其治理纳入国家规划，一方面要求加快人工智能核心技术突破及产业化发展，另一方面高度重视人工智能治理体系建设，集中呈现了“基于人工智能的治理”和“面向人工智能的治理”两条主线的交织融合。

可以说，中国式智能治理蕴含三层内涵：一是智能治理强调智能技术与治理场景的深度融合，重视机器智能与社会智能的整合交互和互相赋能；二是智能治理重视机器系统和社会系统的有机融合与协同治理，通过赋能、赋权和赋智三重机制激发多元主体的治理资源，进而构建数字治理生态促进智能治理体系发展；三是智能治理的终极价值关怀——人本主义，即智能治理以人民为中心，坚守人工智能服务于人民的核心宗旨。

智能治理的中国路径

当前，人工智能深刻地影响着国家治理体系和治理能力，塑造着面向智能时代的治理模式。面向智能时代，我国在科技革新和制度变革的驱动下，在全球率先推进智能治理的实践应用及模式探索，进而基于中国实践形成了赋能政府、赋权社会和赋智决策三大智能治理路径。

首先，智能治理对政府组织发挥“赋能”效应。政府智能化转型拓展了政府治理的领域。在人工智能浪潮的推动下，数字空间逐渐成为现实世界的“镜像”，数字社会与现实社会日益融为一体。国家治理不再局限于物理世界，而是拓展到数字空间，要求治理主体全面掌握数字空间与物理空间的经济社会运行规律，实现机器系统与社会系统的协同共治。政府智能化转型还丰富了政府的治理工具。运用人工智能，可从更宽领域、更长时段、更高精细度对公共事务和政策过程进行分析，更加准确、及时、深入地把握多元诉求，预测研判社会发展趋势及潜在社会风险，提升政府决策、监管和服务能力。智能治理还有助于重塑政府决策流程，提高政府应对和处理社会危机及自然灾害的反应速度与敏感程度，提升决策的科学性和精准性，提升决策质量和施策效能，促使政府形成一种集数据驱动、智能嵌入、社会协同为关键机制的新型治理能力。

其次，智能治理对个人和社会施加“赋权”效应。依靠人工智能，个人和社会通过获得信息、参与表达和采取行动等社会实践方式，在提升自身参与能力的同时，提升社会协同能力。智能技术普及应用，促使普通公众采集和处理信息的能力极大提升，由此切实提升了普通公众的话语权和影响力。智能技术赋权社会组织，促进了组织内部协同能力提升，促使虚拟化、平台化、去中心化社群的形成，显著提升了社会组织参与社会治理的能力。智能技术还驱动着政社协同格局的构建，经由机器系统实现社会系统与政府系统的有机融合，不仅促使公众参与意愿和能力的提升，而且培育了社会协同能力，进而推进公众、社会组织与政府构建协同共治格局。

最后，智能治理赋智集体决策。一方面，智能治理重视个体智慧，以开放、平等、包容的方式吸纳个体智慧，集思广益。数据是智能治理智慧来源的基石。智能治理强调人本主义，因此感知人的情感、认知人的偏好、理解人的逻辑、回应人的诉求成为智能治理的基础能力。另一方面，智能治理激发多元治理主体主动性形成优势互补的集体协作模式，经由机器智能激发社会智能形成集体智慧。通过构建囊括政府、科技企业、社会组织、个体等多元主体的生态伙伴关系，政府将人工智能引入国家治理，依托智能设备监测经济社会运行，汇聚多源数据感知社会运行规律，利用高效算法预测研判趋势风险，经由规划决策系统实现精准科学决策，凝聚集体智慧提升治理能力。

年度热词

前置仓：是生鲜电商平台运营模式之一。区别于传统仓库远离最终消费人群的模式，前置仓在社区附近建立，离消费者的距离多在 3 公里以内，配送环节能够在保证生鲜产品新鲜度的情况下极大地提升时效性，同时相比线下门店可以节省运营成本，因而前置仓模式受到生鲜电商追捧。

网格化管理：是一种行政管理改革，依托统一的城市管理以及数字化的平台，将城市管理辖区按照一定的标准划分成为单元网格。通过加强对单元网格的部件和事件巡查，建立一种监督和处置互相分离的形式。

双化协同：即数字化、绿色化协同转型发展，通过运用大数据、云计算、区块链、人工智能等数字技术，为各行业绿色低碳转型发展进行数字赋能与绿色牵引。

一网统管：是住房和城乡建设部为落实《中华人民共和国国民经济和社会发展第十四个五年规划和 2035 年远景目标纲要》有关要求，决定在开展城市综合管理服务平台建设和联网工作的基础上，全面加快建设城市运行管理服务平台，推动城市运行管理系统。

东数西算：指通过构建数据中心、云计算、大数据一体化的新型算力网络体系，将东部算力需求有序引导到西部，优化数据中心建设布局，促进东西部协同联动。

碳普惠：（Carbon Inclusive Finance）是一种旨在通过金融手段支持低碳经济发展和应对气候变化的理念和实践。其通过推动绿色金融和可持续发展，为企业和个人提供低成本的融资服务，同时降低碳排放和生态破坏。

碳账户：（Carbon Accounting）是一种跟踪和记录组织或个人碳排放的系统和工具，用于衡量和管理其对气候变化的贡献和影响。

公益篇

拓展公益新边界，数字慈善步入深水区

与德鲁克比肩的哲学管理之父、伦敦商学院创始人查尔斯·汉迪，在《第二曲线：跨越"S型曲线"的二次增长》一书中提出，如果组织和企业能在第一曲线到达巅峰之前，找到带领企业二次腾飞的第二曲线，并且第二曲线必须在第一曲线达到顶点前开始增长，弥补第二曲线投入初期的资源消耗，那么企业永续增长愿景就能实现。

于公益事业而言，传统的公益方式边际效应递减，数字公益正是其发展的"第二曲线"。

过去一年，社会对共同富裕、第三次分配、乡村振兴、可持续发展都有了更广泛的共识和更坚定的投入。这些理念都跟"不平衡""不充分"息息相关，而飞速发展的数字公益，为寻找世界的低处、照亮和填补"不平衡"的落差带来全新动力。公益慈善事业正从传统的捐款捐物，逐渐转变为现在的模式创新、技术创新、业态创新的数字公益新形态。

在公益篇，我们看到区块链、人工智能、IoT等数字技术推动公益慈善事业朝着公开透明化、创意场景化、传播多元化的方向发展，并有许多生动的数字公益案例：AI助力听障人士听清世界，小红花体系让普通人走路就能做公益，美团上的爱心商户把乡村儿童操场建到珠穆朗玛峰上，"轮椅导航"功能上线让残障人士不再畏惧出门，孤独症孩子们的作品成为公益数字藏品，心理咨询机器人“小天”变得越来越专业……

数字技术为公益带来了新动能，也凝聚了全民共创的新势能。从 2016 年到 2022 年 9 月，30 家互联网公开募捐信息平台累计带动超过 510 亿人次参与，累计募集善款 350 亿元，互联网让捐赠人、受益人、公益机构更加高效链接。截至目前，数字公益已经在全国范围内覆盖了普惠教育、养老助老、乡村振兴、社区治理、扶残助弱、应急救助、医疗健康、生态环保以及游戏公益等多个社会领域，成为推动我国社会进步与发展，打造人类命运共同体的新动能、新手段。

改变世界的不是技术，而是技术背后的梦想。中国数字公益所表现的“第二曲线”能力，是民众、政府、第三部门、企业的相向而行，团结能够团结的力量，打破难以打破的围墙，构建前所未有的公益新生态。

畅想数字公益未来蓝图，创新仍是关键词，数字技术的创新、数字公益模式的创新、多元主体协同方式的创新正在路上。

全面拥抱数字化，构建可持续数字公益生态圈

生活在云南曲靖的 69 岁老人杨光潜，性格内向，不善言辞，唯一的爱好或者说特长就是走路。他做公益的方式很特别，每天捐 1 块钱，以及每天捐 3 万步。前者看起来并无太大难度，一年下来也就是 365 块钱，但后者几年如一日的坚持却足以打败全国 99.9%的人。

杨光潜的日常，不是在曲靖市第一人民医院做志愿者，就是在转公园和徒步，基本上每天都能走 3 万步，唯一的代价就是每 3 个月就要报废一双鞋子。对于杨光潜来说，鞋子无关紧要，因为他“步步生花”。

2019 年，杨光潜得知腾讯公益有一个叫做“小红花梦想”的活动，就像在蚂蚁森林种树，收取能量；在微信的“腾讯公益”里捐出自己每天走的一定步数就能赢小红花，可以把小红花捐给特定公益组织的公益项目，有意愿的基金会、企业会进行配捐，助力公益项目的落地。

日常走路捐步做公益

“有志愿者帮我查了一下，说这 3 年多，我一共捐了 32137660 步，是腾

讯公益捐步最多的志愿者；总共捐了125个项目，听障儿童、兔唇宝宝、保护长城、保护雪豹……我都有捐。”杨光潜接受媒体采访时说。

2022年中国互联网公益峰会发布的年度数据显示，腾讯公益平台近一年的数据显示，平台用户捐步共达8967万人次，累计捐出13319亿步。

走路捐步可以做公益，随手消费也可以做公益。在淘宝和美团上，一份份交易都带着温度。

在淘宝上随处可以刷到带有“公益宝贝”标识的商品。2022年，数百万户商家、近5亿消费者一起，通过以“公益宝贝”为代表的阿里巴巴公益平台参与捐赠，累计帮助912.2万人次，有十余个项目累计募捐均在千万元以上。

阿里巴巴发布的淘宝爱心好店公益报告显示，在“捐赠端”，公益宝贝在过去16年累计影响800万户商家，设置73亿件带有“公益宝贝”标识的商品，带动7亿消费者，产生473亿笔爱心订单，20多亿元捐款，“相当于有一半的中国人买过公益宝贝”。

在美团平台上，爱心商家和爱心网友还在进行另一场爱心接力赛——美团“乡村儿童操场”公益计划。平台商家每笔订单可设置捐赠一小笔善款，累计满20元就可以为乡村幼儿园捐赠一块拼接地板。消费者通过美团APP预订酒店或点餐时，也可以通过筛选功能，选择带有“公益商家”标签的酒店或餐厅进行预订，还可以通过商家线下的台卡扫码，和商家共同捐建。无论是商家还是消费者，都可以随时查看公益档案，并精准定位到自己捐赠的拼接地板最终铺设在哪个幼儿园的第几行第几列。

如今，传统的财物捐赠边际效益递减，更多润物细无声的捐赠方式在兴起。不少互联网公司、不少公益产品，已经让生活化公益成为普通人日常习惯的一部分。商业中有公益，消费中有公益，日常出行、娱乐、学习中已经处处有公益。

公益正变得像阳光空气一样，环绕在普通人身边，从过去的偶发性变成不费劲的可持续行为。《中国互联网慈善报告》显示，“给互联网平台捐款”

是公众接受度最高的公益参与方式。随着公众慈善意识的不断提高，个人捐赠额在互联网筹款总额的占比超过三分之二。

数字技术实实在在地降低了行善的成本，如果将互联网捐赠额作为数字公益的关键指标，可以看到数字公益势能的爆发。近年来，我国每年有超过100亿人次点击、关注和参与互联网慈善；2021年通过互联网募集的善款接近100亿元；从2016年到2022年9月，30家互联网公开募捐信息平台累计带动超过510亿人次参与，累计募集善款350亿元。

在2022年腾讯“99公益日”期间，超过5816万人次爱心网友共捐赠26亿元，加上腾讯公益与中国乡村发展基金会联合专场，江苏、河南乡村振兴区域公益专场三个区域场募集到的7亿元，公众筹集善款总额超过33亿元。阿里巴巴“95公益周”累计动员2.6亿人次用户、220万户商家、40多家国内公益机构参与到公益周的100多个公益活动中；在字节跳动公益发起的“DOU爱公益日”主题活动中，直接参与公益捐赠的用户达186万人次，

西宁熊猫馆的大熊猫沐浴着春日暖阳，尽享美味“下午茶”

累计捐赠 2945 万元。

公益的可持续，也表现在议题的可持续上。在传统的公益领域，特殊群体关爱、疾病救助是公众参与度最高的两类公益议题，而文化传承、科技助老、社区治理、性别平权、动物保护等公益议题则成为“小众议题”。如今，越来越多“小众议题”在数字赋能下被看见、被关注、被改变。

大熊猫是我国的“国宝”，但不是所有的大熊猫都生活在动物园里，有专人喂养。在我国四川、陕西、甘肃三省，共有 67 个大熊猫自然保护区，51 个“熊猫县”、198 个“熊猫乡镇”、数百个“熊猫村”，而与野生大熊猫为邻的，还有 100 多万“熊猫村”村民。没纳入保护区的野生大熊猫，被叫作“零星熊猫”，它们生活在与人类争夺生存资源最激烈的区域。

在互联网上，“云认养”是一个新潮流，带有公益色彩的“云认养”更能激起无数人的热情。数字公益圆了普通人“养”一只大熊猫的心愿。在 2022 年中国互联网公益峰会搭建的云展馆里，一款名为“熊猫家”的公益小程序里受到关注，人们可以体验捐款线上领养“零星大熊猫”，众筹大熊猫吃的竹子，并通过红外相机观察熊猫的生活。在爱心网友的支持下，“零星熊猫”和 100 多万村民之间生存与发展的冲突得到缓解。

腾讯营销洞察联合瞭望智库发布的《2022 公益行为数字化洞察报告》显示，在其一项对 18—60 岁的人群的调研中，小众议题在受调研人群中期待值更高；数字化技术让一些平时社会关注度较少的社会议题走入大众视野，让多元力量共同参与探寻解决方案。

北京师范大学社会学院教授谢琼认为，公益慈善数字化已经历了从 21 世纪初自发推进到《中华人民共和国慈善法》实施后的依法推动，再到“十四五”开局后的全面发展三个阶段。在这个新阶段，数字技术从源头加快公益数字化进程，多方主体全方位响应和拥抱数字化趋势，构建一个可持续发展的数字公益生态圈。

从源头看，公益组织的数字化建设虽然任重道远，但数字技术的应用已经相对普遍。一项调研结果显示，85.42%的慈善组织运营线上媒体平台，使用频率最高的线上媒体平台是微信公众号（87.8%），其次是短视频账号。97.9%的组织使用过互联网募捐信息平台募捐，37.5%的组织过去三年在互联网募捐平台上筹款超过全部筹款总额的五成以上。

公益组织对数字化热情高涨。《中国大型慈善组织数字化建设研究报告（2022）》显示，从内部数字化看，将数字化建设纳入组织战略规划的机构占比达54%，对于项目内容与信息进行数字化管理的机构占比为68%；在服务方面，56%的受访机构已在实践中应用了线上电子票据开具系统，为捐赠人提供快捷服务。

当然，目前不同的公益组织、慈善链条上的不同环节，数字化应用水平不均衡，不少还停留在表层的募款互联网化。在项目执行、信息反馈、监督管理等方面数字化深度应用还相对有限。为了推动数字公益生态系统的形成，不少互联网企业都在加大数字技术的资源供给。

数字工具箱都有哪些权益？
腾讯云
2万元云资源现金券，可购买存储、腾讯会议等云服务
企业微信
线上专业贴身客服，辅助机构上线，提供管理员培训与快速搭建的解决方案
腾讯文档
VIP年会员权限
腾讯问卷
100人企业规模的商业版权限
腾讯乐享
500人以内企业规模的商业版权限
腾讯微云
VIP年会员权限
CoDesign
设计协同作业工具，提供企业版权限认证与服务
以上产品公益权限，有效期为自获赠之日起365天内，使用期内均受该产品官方协议约束。
更多权益筹备中

腾讯公益推出的数字工具箱

2022年“99公益日”启动前，腾讯正式推出了数字工具箱，里面包含了腾讯云资源（含腾讯会议），以及腾讯问卷、腾讯乐享、企业微信、腾讯文档、腾讯微云、CoDesign等一系列数字化资源，向在中国内地（大陆）依法注册或者登记的社会团体、社会服务机构、基金会等社会组织开放免费申请，帮助公益组织打通数字化转型升级的“最后一公里”。

同时，腾讯还以免费的数字工具箱 + 专业志愿顾问组合，帮助公益组织更快上手数字化方案。一直是制约公益组织发展的“卡脖子”难题，得到了一定程度的解决。

蓝天救援队是一支民间公益性救援队伍，队员们平常各自有正式工作，接到救助信息时才紧急集结救援，过后又回归各自生活。他们通过腾讯乐享，进行人员和队伍管理、组织专业培训、发布活动任务、远程指挥救援。来自各行各业的热心人“拧成一股绳”，有效提升了公益救援能力。

蓝天救援队集结前往土耳其伊斯坦布尔，参与地震灾区救援工作

阿里云“码上公益”则在 2022 年 6 月发起了公益行业数字化转型征集令，面向公益组织、公益基金会持续进行开发帮扶。“码上公益”采用“众包”模式，在公益组织和技术志愿者之间架起桥梁。截至目前，入驻公益机构已经超 360 多家，注册爱心极客 6800 多名。

杭州师范大学经亨颐教育学院学习特殊教育专业的徐千惠是一名“00后”，当阿里云“码上公益”发起的“第益课”大学生技术公益实践计划呈现在徐千惠眼前时，并不会写代码、只选修过信息技术课程的她，成为北京感恩公益基金会“点亮乡村光明万家”项目流程管理系统的开发志愿者。

“第益课”的公益项目开发，都是基于低代码平台钉钉宜搭来实现。相较于全代码而言，低代码开发者只需要在可视化界面上以拖拉拽的方式编辑和配置页面，表单和流程，并一键发布到PC和手机端，就可落地运行。有一点信息技术基础的徐千惠，稍加思考与探索，就顺利上手了。在她的努力下，项目的推进与落地都在加速，为更多人照亮了一段前行的路。

以互联网为载体的公益数字化，将各界各方参与主体和亿万爱心人士连接在一起，形塑了全新的公益慈善生态。公益是一场没有终点的马拉松。随着更多力量的汇入，更多技术能量的迸发，中国社会公益正呈现出“多元参与主体、多样公益议题、多种公益场景、多种公益模式”的鲜活创新样貌。

延伸阅读

海拔4119米的“珠峰之乡”，有了新的儿童操场

你，去过珠穆朗玛峰吗？

也许有很多的限制条件，让我们不能自由地追求“诗和远方”，但总有一些方式让我们能“数字打卡”。

日喀则市定日县扎西宗乡位于珠穆朗玛峰国家公园内，海拔4119米，是距离珠峰最近的行政乡。壮美的珠峰震撼人心，然而在珠峰脚下成长的孩子们，却没有在平坦的操场上奔跑过。

这一局面终于在2022年7月中旬被打破。一座蓝色与黄色为主色调的崭新的操场，向扎西宗乡完全小学附属幼儿园的孩子们“张”开了怀抱。据了解，该幼儿园共有65名学生就读，均为藏族小朋友。

时针往回拨一个多月，新操场所在地还是一片沙土地，只有一小块水泥路面，大风天会扬起沙尘和小石子。由于场地限制，很多活动都没法开展。

美团“乡村儿童操场”公益计划在这里按下“启动键”后，爱心企业西贝餐饮集团及其爱心消费者一起为扎西宗乡完全小学附属幼儿园捐建新操场。30天、164370笔订单、5292块拼接地板，依据儿童友好、趣味和多功能等角度进行开发设计，蓝天白云下一个崭新的操场顺利建成。

“终于有一块安全的场地可以让孩子们自由自在地奔跑玩耍了”，园长巴桑卓玛感慨道，“新操场有缓冲、防滑功能，孩子们可以放心奔跑、玩耍。今后不仅可以增加户外游戏，还可以在这里开展各种教学活动，能让他们有个更丰富、快乐的童年。”

“快看，这个大白鲸飞起来啦”，小朋友们看到缓缓起飞的浮空艇模型兴奋地喊着。7月13日上午，中科院珠峰站观测主管席振华用浮空艇模型、科学小实验，在扎西宗乡完全小学附属幼儿园的新操场上为孩子们带来一堂生动有趣的户外科普课。在国内登顶珠峰16次记录保持者、喜马拉雅登山向导学校副校长扎西平措的带领下，孩子们还玩起了模拟攀登珠峰的小游戏，体验“登山”的乐趣。

“这是一次特别的公益活动”，西贝餐饮集团董事、首席贝爱公益官张丽平表示，“我们和西贝消费的爱心用户一起，为珠峰脚下的孩子们修了一个和城市幼儿园一样的操场。看到他们快乐地奔跑，我们也很开心。未来，西贝也将持续关注乡村儿童、继续参与这一公益计划，帮助更多有需要的幼儿园建设新操场。”

美团“乡村儿童操场”公益计划，由美团公益携手壹基金于2020年9月发起，连接远隔万水千山的城市和乡村、内地和边疆，带动公益商家、爱心用户一起为偏远乡村幼儿园铺设多功能运动场，让学龄前儿童能够在更安全、更完善的运动环境中获得更全面的体育锻炼。

特别值得留意的是，每一个新操场旁都设立了二维码标识牌，现场扫码就能看到每一位捐赠者的名字，帮爱心用户实现珠峰大本营、喀什噶尔绿洲“云打卡”。

2022 年 6 月，美团“乡村儿童操场”公益计划为日喀则市定日县扎西宗乡完全小学附属幼儿园建成的新操场

对善款走向的精准追踪是美团“乡村儿童操场”公益计划的一大特点。为了让捐赠人放心，美团自主研发的善款追踪系统，公益商家和爱心网友可以随时查询捐赠的每一块拼接地板铺设在操场的第几行、第几列。

为了让更多用户的爱心汇聚起来被看到，美团公益平台还上线了用户评论功能，并收到了众多对乡村儿童的温暖祝福。

截至2023年5月底，在39.4万家公益商家、12万名爱心网友的共同支持下，美团“乡村儿童操场”公益计划已累计捐建666座操场，覆盖了贵州、云南、西藏、青海等15个省份、自治区，10万名乡村儿童直接受益。

新技术新动能，技术公益打开新想象空间

“Hi，你今天心情怎么样呀?”在西湖大学工学院深度学习实验室，机器人“小天”已经开始“抢”心理咨询师的饭碗了。

这款基于人工智能技术辅助心理咨询的机器人，目前已经在微信小程序上岗，性别不明，擅长聊天，心理咨询专业出身，由超强人工智能团队打造。它会倾听，有问有答，不会把天聊死。“它”有记忆，再联系时它依然会记得你。

心情不好、不想上学、工作不顺心、和家人吵架……不少用户随手打开小程序“dll 心聆”，跟“小天”聊上 50 分钟，发现心情真的能变好。如果遇到解决不了的问题，“小天”还会预警并且请专业咨询师来帮忙。

2022 年，不仅是 AI 的当打之年，数字藏品模式兴起也为数字公益带来了新活力。

2022 年 4 月 24 日，全球首个实体卫星同步存证数字藏品平台——星愿宇宙正式成立。作为星愿宇宙发行的首款数字藏品——“星愿宝贝公益数字藏品”，就自带公益基因。普通人购买该数字藏品，就能在星愿宇宙获得一枚“德”勋章，而且还通过平台向公益基金捐了 29.9 元。该藏品发售税前收入（362746.8 元）将全部捐赠至“繁星点点 · 星愿宝贝公益计划”。

无独有偶，i 百联携手“不烦兔”IP 创始人罗晶晶和“一个鸡蛋”项目，发布了“生生不息”“日升月恒”两款新春公益数字藏品，旨在为偏远乡村地区的孩子筹集鸡蛋。新华社携手网易新闻联合发布了北京中轴线主题数字藏品，在北京中轴线申遗最为关键的一年助力申遗。

互联网应用的直观性、便捷性、趣味性、互动性让公益事业有了更广阔的空间。短视频、网络游戏、网络音乐、网络直播、人工智能、元宇宙等场景深度融入公益活动中，公益变得更有趣、更生动、更便捷。

实际上，随着区块链、人工智能、IoT、元宇宙等数字技术的不断赋能，数字化为公益注入了强大的驱动力和变革力。数字技术对于公益的作用，不再停留在表层的透明度和传播建设，而是成为养分深入改造项目本身，激发公益项目新活力。

2022 年，存在 1.5 亿年的长江白鲟，被正式宣布灭绝。曾经在长江纵横驰骋的白鲟，用悲情的方式换来了最后一次人们对它的集中关注。而被世界自然保护联盟列为“易危”物种的雪豹，则有着完全不同的命运。

雪豹非常珍稀，全球仅存不足 4000 只，其中 60%的雪豹栖息地位于中国。一位护林员说：“雪豹生活在岩石地区，人类难以接近。它们身上的花纹有利于伪装，因此也增加了辨识难度。这让我们难以制定有效的保护策略。”

人无能为力之处，数字技术就有了用武之地。为了保护雪豹，腾讯与世界自然基金会合作打造了一个数字平台，追踪雪豹的踪迹和收集各项关键数据，护林员和环境专家可以根据分析结果制定保护策略。

数字技术改变了动物保护的模式，而且技术具有可复制性，保护雪豹模式同样可以用在其他濒危物种上。

在许多人看不到的地方，数字科技已经深入各行各业解决痛点、难点，技术公益成为新兴的公益业态。不少科技公司、互联网企业也加入到公益行列中来，积极推动技术能力外溢，从“授人以鱼”到“授人以渔”，让科技向善，放大社会价值。

在中国，有超过 6000 万的老人正在经历听力受损的困扰，但大多数老人都在用着一两百元的廉价助听器，降噪效果不明显。银发科技的进步，让这一切有了改变。在广东韶关，500 名听障老人率先戴上了装有腾讯天籁 AI 算法的助听器。过去，这些老人长期默默忍受着听障痛苦，家人面对面讲话也听不清，矫正了听力之后，变得能像正常人一样沟通。

天籁 AI 算法是一项应用于腾讯会议 APP 中的技术，能够消除 300 多种噪声，有效提升用户体验。腾讯通过发起“天籁行动”，将这项技术向听障人群社会责任领域的开发者、厂商及伙伴免费开放，用在了人工耳蜗降噪上，语音清晰度和可懂度提升了 40%。

随着老龄化社会的加速到来，银发科技成为数字公益的重点方向之一。

这几年，“老年痴呆”的专业名词“阿尔茨海默症”正被越来越多的人所熟知。在中国 60 岁及以上老年人中，阿尔茨海默症患者约有 1000 万人，该病症目前难以治愈，但可以通过干预延缓进程，因此早期筛查非常重要。不过，传统认知筛查依赖于专业人员手工操作，每筛查一位老人需要约 20—30 分钟，不少地区医疗资源有限，难以开展大范围筛查。在阿里巴巴公益基金会支持下，阿里达摩院携手多家机构，持续探索用 AI 技术降低筛查门槛。

阿里达摩院联合浙江大学公共卫生学院、杭州市拱墅区卫健局，首次将 AI 技术用于阿尔茨海默病的线下筛查，全程只需 10 分钟左右，筛查时间较常规办法缩短 2/3；而且技术也降低了门槛，只需志愿者帮忙，无需专业人员

“ADC 失智症筛查”小程序进入页面

介入，即可完成筛查。目前，阿尔茨海默病 AI 筛查已在杭州全市推开，部分社区的筛查率已经超过 90%。

2022 年 9 月，阿里达摩院和中国老年保健协会阿尔茨海默病分会（ADC）合作推出了公益小程序，将 AI 筛查从线下人工协助变为线上自助。老人打开手机微信或支付宝，搜索小程序“ADC 失智症筛查”，即可进行自助筛查。如果筛查结果为高风险，老人还能获得医生帮助，目前全国已经有超过 200 位专科医生加入服务队伍。

类似的技术公益新模式，在眼下的中国正变得越来越常见。

在日常生活中，人们很少会留意轮椅该走哪一条路。据中国残疾人联合会数据，我国现有 8502 万残障群体，其中肢残人士超过 2400 万。但如此数量众多的轮椅群体，日常并不太为我们所见到，一个重要原因是轮椅群体没有专属的导航系统，出门不太方便。

2022 年 11 月 25 日，高德地图正式推出了无障碍“轮椅导航”功能。用户开启“无障碍模式”后，在乘坐地铁出行时，将结合地铁站的无障碍电梯、升降机这些无障碍设施，为用户规划出一条无障碍路线；同时可在户外导航过程中，避开地下通道、人行天桥等轮椅无法通行的路段。

这便是技术公益带来的惊喜，用技术连接起企业、社会组织、公众等各方资源，在应用、开发、创造方面开发出更多技术公益产品，有效解决社会问题。在数字技术的助力下，公益的光芒将照亮更多的角落。

延伸阅读

首届元宇宙慈善拍卖会

2022 年 6 月 28 日，“益起 Meta”首届元宇宙慈善拍卖会及系列公益活动启动，这是国内首个公益慈善结合元宇宙的公益活动。拍卖会以“科技让公益发生美好改变”为口号，全程采用元宇宙空间漫游模式，参与者可置身于元宇宙空间，进行直播观看及竞拍。

活动由火币科技控股有限公司、北京新星火网络科技有限公司主办，由北京天使妈妈慈善基金会星火爱心公益基金作为公益善款接收支持单位。

首届慈善拍卖活动共上线两大系列藏品，分别为“星星的孩子”和“银器”。“星星的孩子”是星火爱心在2022年度重点推进的数字公益项目，其核心主旨为“让更多的人关注自闭症儿童”。在这个系列里，《星语心愿》画面为心形，共10幅不同的背景，由20余幅从未发行过数字藏品的儿童自闭症患儿所做的画作构成；《星星的故事》画面则为书本形状，共10幅不同的背景，由48幅从未发行过数字藏品的儿童自闭症患儿所做的画作构成。

而“银器”是将实物藏品与数字藏品一对一绑定，购买数字藏品的爱心人士即可获得实物藏品的交割。这些精美绝伦的银器都出自一群聋人工匠之手，他们进入“素果银庄”学习制作银器，每人都要经历1—3年的学习才能出师，银子敲击的声音对听力正常的人来说是无法忍受的噪音，而聋人工匠恰恰能排斥干扰。

除了拍卖系列藏品外，星火爱心还发售了算法合成数字藏品，也是国内首个数字公益身份——爱的潘达。拥有此数字公益身份的爱心人士，可以参与星火爱心主办的所有活动，并享受空投等相关权益。爱的潘达链上铸造500枚，公开发售450枚，星火爱心自留50枚，用于日后公益生态的建设奖励。

当下世界，正在经历一场数字化颠覆，而元宇宙作为数字化和智能化发展的必然趋势，将会与慈善事业相融并产生更多的火花。“益起Meta”作为在元宇宙领域进行公益探索的新型公益活动品牌，将持续举办公益数字艺术展、慈善拍卖活动，并定期发行公益数字藏品。活动所获利润，将全部捐赠给星火爱心公益基金，善款使用情况上链，永久可查。

此外，“益起Meta”还在绿洲元宇宙世界中搭建了“元宇宙公益空间”，在空间内，所有拍品均已同步上架。“元宇宙公益空间”让那些分散在各位藏家“藏品室”的数字藏品聚集在一起，同时拥有了独特的标志性建筑，全新的角色身份和更加炫酷的展现形式。在绿洲元宇宙中，每一件“数字藏品”不再只是仅供观赏的“藏品”，他们会在绿洲元宇宙中拥有不同的分工和作用，同时能获得不同的回报。绿洲元宇宙不仅为公益开拓了全新的方式，为数字藏品打造了值得期待的“下一站”，也为诸多在元宇宙发展中探索的伙伴树立了榜样。

年度热词

心理咨询机器人：是指提供心理咨询服务的智能机器人，是AI数字在心理健康服务领域的应用体现，提供AI心理教育、AI心理评估、AI心理训练、AI心理咨询等的全流程服务，为用户提供专业定制、智能多样、普惠私密的功能，为民众、企业及政府提供全人群、全场景、全周期的数字智能化心理应用解决方案。

公益数字藏品：数字藏品是使用区块链技术，对应特定的作品、艺术品生成的唯一数字凭证，在保护其数字版权的基础上，实现真实可信的数字化发行、购买、收藏和使用。而公益数字藏品是被赋予了公益属性的数字藏品，常常该类数字藏品的发行收益会用来助力公益事业。

银发科技：指的是为应对人口老龄化问题所做出的一系列科技助老创新，通过数字技术创新和互联网适老化改造，帮助老年人跨越数字鸿沟，使老年人健康地步入老年生活。

轮椅导航：“轮椅导航”由阿里员工志愿者倡议，区别于普通导航，“轮椅导航”方便残障群体在乘坐地铁出行时，结合地铁站的无障碍电梯等无障碍设施，规划出一条无障碍路线。同时可在户外导航过程中，避开地下通道、人行天桥等轮椅无法通行的路段，方便残障群体、老年人等弱势群体出行。

城市案例

安　徽：

瑞幸咖啡已经开到了小城亳州，县城涡阳也出现爆单

北　京：

一刻钟便民生活圈动态地图 2.0 版已于 2022 年 9 月正式上线，2025 年将实现全覆盖

全聚德启动“萌动万物”文创节，吸引年轻消费者

老字号文具和字画店荣宝斋乘上了“直播带货”的快车

全国首个线下元宇宙主题商场“BOM 嘻番里”正式开业，成为时尚新地标

冬奥会上，三大赛区 26 个场馆实现绿色电能供应

虚拟现实工程技术人员设计模拟驾驶训练

80 后“解压师”用声音疗愈上班族

京东与图智能帮助商家判断选址优劣

朝阳区左家庄街道启动“一码共治”机制

回龙观、天通苑等传统“睡城”地区迎来“数据大脑”

大兴区的“政务晓屋”让民众省时省力

国产北斗高精度技术助力自动配送应用推广

广　东：

深圳餐饮商家润园四季、陈鹏鹏潮汕菜与美团快驴合作建设数字化食材供应链

深圳骑手转型为自动配送车云控安全员

外卖运营师穿梭在广州 CBD 珠江新城，帮助商家优化外卖经营

深圳首笔 iPhone14 外卖订单，美团闪购无人机分钟级送达

肯德基推出“宝可梦”玩具，魔性可达鸭在深圳“一鸭难求”

广州酒家与潮流 IP 跨界推出时尚新品，收获消费者芳心

深圳推出国内首个居民低碳用电“碳普惠”应用

贵　州：

贵州大学副教授转型成为碳汇计量评估师

余庆县长坪生猪场就采用“云上畜牧”APP

河　南：

一则 # 河南热奶宝有多好吃 # 的话题冲上微博热搜，引发了一轮全民打卡

湖　南：

村民在家就能买买买，“购物车”里越来越潮流

湖南一职业学院校企合作培养智能网联汽车和智能交通专业人才

长沙一男子通过新冠防护公益互助平台与邻居分享多余药物

江　苏：

中通盐城网点大量运用无人车，有效应对春节送货压力

江苏“城市一刻钟便民生活圈”加快推进

江　西：

一职业学院利用数字化“博弈沙盘系统”教学生制定营销策略

江西省图书馆打造“无感借还”智慧流通服务

辽　宁：

铁岭市西丰县涌现“噶蛹者”“蚕蛹温控师”“蚕蛹质检师”等新职业

内蒙古：

数字化让鄂尔多斯矿区成为“无人区”

乌兰察布市借助数字化风口转型“草原云谷”

上　海：

美团为上海防范区居民上线“社区剪发”产品

餐饮老字号松鹤楼数字化转型焕发新生

美团与 Manner 在上海开启了全国首家位于露营地内的无人机咖啡快闪店

美团联合上海发布全国首个政务领域生活服务数字平台“城市美好生活数字体征系统”

泰坦数科与百度智能云将在泰坦上海北虹桥元宇宙产业中心全国首个千套数字人直播元宇宙产业园

机器人工程技术人员给扫地机器人进行优化迭代

麦德龙与数字零售合作伙伴多点 DMALL 上线了“虚拟门店”服务

疫情期间盒马推出了“流动超市”

上海“一网通办”便利困难群众办理医疗救助

上海开启数字养老“微探索”

山　东：

“90 后”张女士自制热奶宝成为店内网红单品

山　西：

一家 Apple（苹果）授权专营店上班的本地人被家乡人的消费力和消费观念震惊了

陕　西：

县域宠物品类在即时零售消费火热

四　川：

全球首家电池“零碳工厂”落户宜宾

成都上线“碳惠天府”激励民众绿色生活

开在村里的咖啡馆，吸引了大批野餐踏青的游客

在政府部门和行业平台的大力推动下，成都即时零售新业态蓬勃发展

新　疆：

世界上首条短流程“零碳工厂”钢铁生产示范产线在巴音郭楞蒙古自治州和静县诞生

“云买药”已走入寻常百姓家

西　藏：

美团“乡村儿童操场”公益计划落地珠穆朗玛峰脚下

21 个边境县及乡镇已经实现邮政网点全覆盖，快递直达边境百姓家

云　南：

大理宾川县“95 后”男孩成为阳光玫瑰葡萄“测糖师”

社区电商下沉到兰坪等全国 2000 多个市县，区域发展不平衡正在被数字时代快速拉平

西双版纳香水柠檬种植带动农业升级

69 岁老人杨光潜靠走路就能做公益，一共捐了 32137660 步，总共捐了 125 个项目

浙　江：

宁波极氪智慧工厂，工程师佩戴 AR 眼镜便可在数个车间之间来回穿梭

中国净水行业首个“六星零碳工厂”在沁园慈溪工厂正式揭牌

恒洋热电有限公司用新建成的一体化管控平台监督各个车间内的设备运行情况

“90 后”女生在湖州莫干山民宿做全职管家

杭州一金毛犬瘦身成功，宠物减肥师获得网友关注

宁波市海曙区望春街道的数字化和网格化两张大网助力社区治理

嘉兴上线小程序“微嘉园”

白茶产地安吉县推出“围炉煮茶”，成为新的旅游亮点

西湖大学工学院深度学习实验室的机器人“小天”，已经开始“抢”心理咨询师的饭碗了

重　庆：

众多智慧旅游的明星产品亮相中国国际智能产业博览会

数字化解决方案设计师利用智慧养殖大数据平台获取养鸡场的实时生产情况

责任编辑：赵圣涛
封面设计：王欢欢
版式设计：孙姗姗

图书在版编目（CIP）数据

从数字生活到数字社会：中国数字经济年度观察 .2023 / 美团研究院 编著 . —
北京：人民出版社，2023.7
ISBN 978 – 7 – 01 – 025808 – 9

I. ①从… II. ①美… III. ①信息经济 – 研究 – 中国 –2023 IV. ① F492

中国国家版本馆 CIP 数据核字（2023）第 121344 号

从数字生活到数字社会
CONG SHUZISHENGHUO DAO SHUZISHEHUI
——中国数字经济年度观察 2023

美团研究院 编著

人民出版社 出版发行
（100706 北京市东城区隆福寺街 99 号）

中煤（北京）印务有限公司印刷 新华书店经销

2023 年 7 月第 1 版 2023 年 7 月北京第 1 次印刷
开本：710 毫米 ×1000 毫米 1/16 印张：13.75
字数：240 千字

ISBN 978 – 7 – 01 – 025808 – 9 定价：69.00 元

邮购地址 100706 北京市东城区隆福寺街 99 号
人民东方图书销售中心 电话（010）65250042 65289539